U0108598

圖解

梁光耀 著

中國古代

漢至
清代篇

哲學

中華書局

□ 責任編輯：張利方
□ 封面設計：高　林
□ 漫畫繪製：戰　陽
□ 圖解設計：黎品先
□ 排　版：黎品先
□ 印　務：林佳年

圖解中國古代哲學

漢至清代篇

□
著者
梁光耀

□
出版
中華書局（香港）有限公司
香港北角英皇道 499 號北角工業大廈一樓 B
電話：(852) 2137 2338　傳真：(852) 2713 8202
電子郵件：info@chunghwabook.com.hk
網址：http://www.chunghwabook.com.hk

□
發行
香港聯合書刊物流有限公司
香港新界大埔汀麗路 36 號
中華商務印刷大廈 3 字樓
電話：(852) 2150 2100　傳真：(852) 2407 3062
電子郵件：info@suplogistics.com.hk

□
印刷
美雅印刷製本有限公司
香港觀塘榮業街 6 號 海濱工業大廈 4 樓 A 室

□
版次
2018 年 9 月初版
© 2018 中華書局（香港）有限公司

□
規格
特 16 開（223 mm × 170 mm）

□
ISBN：978-988-8513-87-1

前言

　　本書可以說是《圖解中國古代哲學・先秦篇》的續集，跟上集一樣，也是奠基於筆者多年前在公開大學教授的科目，不過是另一個科目，叫作「中國人文學科基礎課程（二）：思想與信仰」。這是自學課程，只有導修課讓學生問問題，通常學生都不會提問，只期望老師將課程內容說一遍，但筆者又不好意思依書直說，於是就講了自己的版本。

　　上集討論的是先秦思想，今集講的則是由漢至清的思想演變；前者歷時五百多年，後者則歷經二千多年，時間跨度幾乎是前者的四倍，所以在內容上不免有所取捨。本書共有六章，分別討論漢代哲學、魏晉玄學、佛家學說、道教思想、宋明理學及清代經學。下面列出各朝流行的主要思想：

先秦	子學	500 多年
兩漢	經學	約 420 年
魏晉	玄學	約 200 年
南北朝	三教並行	約 170 年
隋唐	佛學	約 320 年
五代	禪宗	約 50 年
宋元明	理學	約 680 年
清	經學	約 270 年

　　春秋戰國時期，思想界呈百家爭鳴之態，但漢代獨尊儒學之後，思想上其實並沒有甚麼創新。漢代以經學為主，是研究儒家經典的章句訓詁之學，清代經學的成就雖然勝於漢代，但仍擺脫不了考據之學；魏晉玄學只是發揮道家的形上思想，而道教也可以看成是道家的宗教化；至於宋明理學，亦不過是儒家思想的復興；唯獨隋唐佛學有些新意，但別忘記佛學是來自印度的思想，並不是本地貨。先秦以儒、道、墨三家為主流，隋唐後則變成儒、道、佛三家，佛家取代了墨家的地位。這種情況直到清末列強入侵中國，西方思想湧入才改變。不過，本書只講到清末今文經學的復興，因為之後就涉及現代化的問題，不再算是「古代」思想了。

　　本書旨在對中國自漢到清的思想演變作一簡要的說明，希望有興趣的朋友可以在此基礎上作進一步的深入研究。

梁光耀

正其義不謀其利，明其道不計其功。

——董仲舒

第一章

漢代哲學：經學唱主角

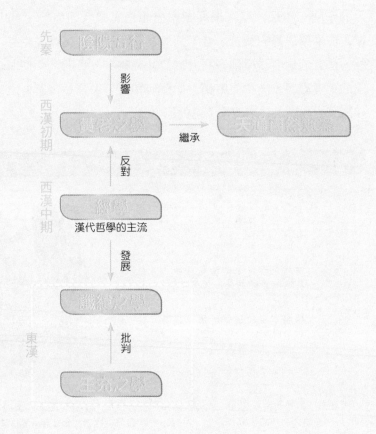

先秦　陰陽五行

↓ 影響

西漢初期　黃老之學　——繼承——→　天人□然□□

↑ 反對

西漢中期　經學

漢代哲學的主流

↓ 發展

東漢　讖緯之學

↑ 批判

王充之學

秦以法家為治國的指導思想，雖滅六國而一統天下，但其嚴刑峻法最終引發人民的反抗，以致亡國；秦亡之後又經歷楚漢之爭，到劉邦滅楚建立漢朝的時候，長期戰亂已令整個社會變得一窮二白。如此一來，秦任法而早亡，儒、墨兩家的救世思想亦早已失去民心，先秦四大家只剩下道家，但老子的治國思想只適用於小國寡民，不符合當時的國情，因為漢已是一幅員廣大的帝國。不過，戰國末期各家思想已有融合的趨勢，其中黃老之學正是道、法兩家思想的結合，老子的無為而治能令人民休養生息，讓社會恢愎元氣，法家的刑名法術則有利於維持社會秩序，黃老之學便順理成章地成為國家的指導思想，漢初的宰相（如蕭何和曹參）都是用黃老之學治國，黃老儼如國家的意識形態，地位不可動搖。

漢代黃老之學的代表作：《淮南子》

個人層面	探討養生之道，及避禍得福之法	
國家層面	總結先秦以來的治亂經驗，為漢帝國提供長治久安之法	主旨
宇宙層面	探究宇宙的規律，用以保身和治國	

淮南王劉安

《淮南子》是淮南王劉安（漢高祖劉邦之孫）招攬門下賓客數千人集體寫成，是一本百科全書式的作品，寫作過程、目的和內容都跟戰國末年呂不韋所編寫的《呂氏春秋》十分相似。

　　雖然黃老的放任自由有助社會發展，但亦衍生不少流弊，比如，地方勢力坐大，土豪惡霸橫行，因景帝削藩更引發七國之亂，對外又有匈奴侵襲，黃老之學已不能應付。時代呼喚更積極進取的思想，儒家學說正逢其時。因此，漢武帝上台後，獨尊儒學，罷黜百家。所謂「罷黜」並不是秦始皇般粗暴地對待各派思想和學者，而是將「官學」的資格僅賜予儒家經典。

　　先秦時，大部分書籍都被稱為「經」，例如《道德經》《墨經》《黃帝內經》《山海經》《法經》等等；但漢代經學所指的經則限於儒家經典，漢武帝所立五經博士，就是專事《詩》《書》《易》《禮》《春秋》這五部經典的博學之士。孔子的教學內容為「五經六藝」，不過，此五經略有不同，乃是《詩》《書》《易》《禮》《樂》，由於《樂經》失傳，於是漢人以《春秋》代之。漢代哲學以經學為主流，而經學則以《春秋》為重心。

孔子與六經要旨

説明變化

指導政事

節制百姓

抒發情感

表達思想

闡明仁義：通過評論歷史，作為行事的標準，彰顯王道

孔子

據司馬遷説，孔子刪詩書，訂禮樂，撰春秋，為易作傳，六經跟孔子有密切的關係。

漢人認為孔子作《春秋》是為漢作制，「經」就是綱領，是基本原則，因此強調「通經致用」，以五經為政治實踐的指導思想。經只提供大原則，所以經需要解釋，解釋經的就叫作「傳」。《春秋》有三傳，分別是《穀梁傳》《公羊傳》和《左傳》。《穀梁傳》經陸賈的推廣，在漢初得到應用，而《公羊傳》在漢武帝時被立為官學。

西漢末年，劉歆挑起了古今文經學之爭，《公羊傳》屬今文經，正統地位受到屬古文經的《左傳》挑戰。古今文經學之爭不單是學術之爭，也涉及到政治的鬥爭，加上儒學已被陰陽五行化，大量讖緯書出現，增加了迷信的成分，也容易被心懷不軌的人所利用。

雖然如此，以學術而言，漢代經學也有其重要價值，就是整理散失的經典，開創了章句訓詁之學，而經學的傳統也一直貫穿中國歷史，直到清代滅亡為止。

春秋三傳的傳承譜系

1 | 將儒學引入迷途的「罪人」？
董仲舒的天人之學

正如前面所言，文、景二帝時，自由放任的無為而治已出現不少問題，社會呼喚更積極進取的思想。董仲舒（前 176—前 104）應漢武帝所求而提出的「天人三策」，不過是因應時代的需要。

然而，董仲舒對儒學的詮釋充滿了陰陽五行的色彩，其實這是當時儒學的特色，也是時代的共識，正如《漢書・藝文志》所載：「儒家者流，蓋出於司徒之官。助人君，順陰陽，明教化者也。」勞思光先生認為，「秦火一劫，經籍故佚」，而「占卜之書」獨傳，使得陰陽五行之說流行，以致漢儒不明孔孟的心性之學，將價值根源奠基於宇宙秩序，這是漢儒的墮落。但筆者認為，這是儒家一躍成為國家意識形態之後，勢必要付出的代價。

先秦儒學的關懷在於政治道德方面，較少論及自然萬物，但儒學由一家之言，轉型為全方位的思想時，就必須說明自然萬物的生成變化，所以不免要吸納陰陽五行的思想。

陰陽五行說提供了一套氣化宇宙論，來解釋事物的生成變化，其中不只是自然現象，也包括人事現象和歷史事件。有學者認為，正是陰陽五行之說將儒家引入迷信荒誕之途，董仲舒也被視為「罪人」。

雖然「獨尊儒學」的主張被漢武帝接受，但董仲舒並未得到重用。不過，漢武帝有幾項重要的政策也來自董仲舒，如設五經博士、為博士設弟子員（漢朝對太學生的稱謂）、建立察舉制、禁止官吏營商、抑制權貴等等。

董仲舒不被重用的一個原因是受到諛臣的排擠。主父偃和公孫弘都十分嫉妒董仲舒，也曾分別加害於他。董仲舒私下寫了一本《災異記》，主父偃偷了此書，並利用董仲舒的學生批評這本書，為此漢武帝幾乎判了董仲舒死罪。公孫弘則建議漢武帝派董仲舒相其兄膠西王，以董仲舒的耿直個性，很容易因得罪膠西王而被處死，此乃借刀殺人。最後董仲舒只好回鄉教學著書，一如大部分儒者，未能在政治上一展抱負。

董仲舒回應漢武帝的「天人三策」

第二策
為甚麼虞舜拱手無為就可天下大治，而周文王卻要忙到日落西山還沒有飯吃？

第三策
我想知道昌盛和滅亡的道理，以便進行改革。

第一策
天命可以挽回嗎？該如何治理國家呢？

1. 人事和上天是有關聯的，國家治理不好，上天就會降災警告世人；若不知悔改，上天就會令國家滅亡。要治理好國家，就要採用儒家的禮樂教化，不要依仗刑罰。
2. 堯將帝位禪讓給虞舜，這是因為虞舜得到天下人的愛戴；周文王雖然順應天命，但紂仍然為王，秩序混亂，百姓逃亡，所以周文王要四處安撫他們。

漢武帝

董仲舒

賈誼

兄弟，還是你命好，當初漢文帝召見我，問的全是鬼神！

3. 天通過陰陽令萬物生長，聖人效法天而創立道，君主根據道，用仁、德、刑來治理百姓。

天人三策被漢武帝接納的後果：
1. 天人感應，君權神授。→幾乎影響了整個封建社會。
2. 推明孔氏，抑黜百家。→影響中國文化至深，新文化運動前，以儒家思想為代表的文化思想，一直是中國的主流文化。
3. 春秋大一統，尊王攘夷。→大一統思想現在仍影響着中華民族。
4. 建立太學，改革人才拔擢制度。

公羊學：漢代經學的核心

漢初儒者陸賈作《新語》獻給漢高祖劉邦，《新語》的首篇〈道基〉就是引用《穀梁傳》所講的仁義為治國之道，正所謂「仁者以治親，義者以利尊；萬世不亂，仁義之所治也」。不過，此段文字並不見於今本的《穀梁傳》，而是當時先師所傳頌的版本。「治親」就是治理血緣家族，而「利尊」則有利於維持尊卑等級；換言之，仁義有維持社會秩序的重要功能。

到了漢武帝時期，國力已盛，是時候解決外來的威脅了，但穀梁學卻欠缺這樣的氣魄，於是公羊學異軍突起，來爭奪經學正統之位。《公羊傳》認為孔子對於重大歷史事件的判斷，還有很多意義隱而未發，此所謂「微言大義」。

揭秘孔子的「春秋筆法」和「微言大義」

「春秋筆法」中有所謂曲筆，即孔子不直接對人事作出批評，而是隱藏在「微言」之中。

拜託有話直說！甚麼曲筆，唧唧歪歪煩死人！

鄭莊公

孔子

此乃老夫的春秋筆法也！

《春秋左傳》的第一篇：「鄭伯克段於鄢」，「鄭伯」就是鄭莊公，是春秋第一個霸主，「段」是鄭伯的兄弟，這句話的表面意思是「鄭伯在鄢這個地方打敗了他的弟弟段」，但「克」這個字是用來形容「戰勝敵人」，用在這裏並不恰當，因為等於說鄭伯將弟弟當成敵人，而孔子正是用曲筆批評鄭伯不應該將弟弟當成敵人。

董仲舒以治公羊學出名，而公羊學強調的春秋大義就是「大一統」，這個觀念對以後中國歷史產生了很深遠的影響。就當時而言，大一統的觀念正好符合時代需要，一方面為出征匈奴提供了理論基礎——尊王攘夷；另一方面，又可以打擊地方的叛亂分子。《穀梁傳》提倡仁義，對穩定漢初局面有積極意義；但從樹立天子權威的角度講，則《公羊傳》較為優勝，而《公羊傳》所講的「立嫡以長不以賢」，亦間接幫助劉徹登上皇帝的寶座（是為漢武帝）。

公羊學伴隨着漢武帝的登基也順利加冕為國學。漢武帝雖獨尊儒學，但主要還是以《公羊傳》為刑政的根基。後來劉向為《穀梁傳》爭取設立博士，東漢的賈逵亦想為《左傳》謀取官學之位，但都未能動搖《公羊傳》的地位，公羊學成為整個漢代經學的核心。

不過，董仲舒的公羊學是建立在陰陽五行和災異說之上的。他認為「春秋無通辭，從變而移」（《春秋繁露·竹林》），意即義理隨事物轉變而更改，非言辭所能直接表達，要發揮《春秋》的微言大義，就需要作出詮釋。但他所講的春秋大義，為了迎合政治現實，必須承認統治者的權威，那就要放棄孟子「民貴君輕」的思想；為了制衡君權，又必須引進陰陽五行的災異思想，用天的權威限制君權的濫用，這就遠離了孔子「不語怪力亂神」的精神。

根據徐復觀先生的研究，《公羊傳》的本來面目並非如此，是董仲舒為了政治目的而扭曲了《公羊傳》的思想。徐復觀指出，《公羊傳》只是對春秋二百多年的歷史作出褒貶，災異的記載只屬自然現象，跟君主失德根本沒有關係，也沒有陰陽五行的觀念。董仲舒說「春秋無通辭」，不過是方便他對《公羊傳》進行改造，他對孔子「曲筆」隱含的「微言大義」所作的解釋，有些明顯不是孔子的思想，例如「三綱五常」和「大一統」，孔子講的倫理關係是相對的，但「三綱五常」則將倫理關係絕對化，要臣對君、子對父、妻對夫絕對服從；而孔子所追求的理想社會秩序，也不是帝國式的「大一統」。

董仲舒的「春秋大義」指甚麼？

董仲舒所講的春秋大義有所謂「十指」、「五始」和「三世」，可概括為以下幾個重點：

天人感應：天象秩序確立了人事規範

　　天人感應是陰陽五行學說中的重要觀念，董仲舒正是以其災祥觀來解釋春秋大義，但他並不是被動地接受天人感應之說，也提出了「人副天數」為天人感應的基礎。所謂人副天數就是指人乃天的副本，例如人的小骨頭有三百六十六節，對應一年的日數；人的大骨頭有十二節，對應一年的月數。又例如，人有喜怒，相應於天有陰陽；人有五臟，相應於天有五行；人有耳目，相應於天有日月；人有四肢，相應於天有四時。由於人跟天象有相應關係，所以若人的行為不當，特別是人君，天就會有所感應，出現災異之象，對人君提出告誡，稱為「譴告」；若人君改過，以循天道，則可轉禍為福，否則天就要令他滅亡。

　　董仲舒說：「天志仁，其道也義，為人主者，予奪生殺，各當其義，若四時；列官置吏，必以其能，若五行；好仁惡戾，任德遠刑，若陰陽；此之謂能配天。」（《春秋繁露・天地陰陽》）簡言之，人事要配合天道才是正確的。

　　筆者認為「人副天數」的最大問題是牽強比附。董仲舒根據其政治目的，將人事比附天象，用天象的秩序來證立人事的規範，以天象的永恆性來確保人事安排的合理性，除了錯誤類比之外，亦混淆了事實和價值兩個不同的層面。因為天象如此屬事實層面，而人事該如何安排則屬價值層面。

　　人君要有德行才配有天命即是「以德配天」，此觀念出自《書經》，後為孟子所繼承。孟子說得很清楚，如果君主失德，就會喪失天命，失去統治者的資格。董仲舒不過是為「以德配天」提供宇宙論的解釋，並在天命和人的行為之間安插災異為中介，以「氣」作天、人的溝通媒介。但董仲舒的天比較接近墨家所講的天，這是一個有人格意志的天，會對人的行為作出賞罰。對於陰陽之說，董仲舒也有所改造，原本陰陽只是宇宙間兩股最基本的力

量，並無高低之分，但董仲舒卻賦予尊卑之別，謂陽尊陰卑，此所謂「任陽不任陰，好德不好刑」（《春秋繁露·陰陽位》），天道在陽不在陰。這種陽尊陰卑的思想對以後中國文化的發展尤其是倫理秩序造成深遠的影響，下一小節會再談。

陰陽、四時、五行如何與人事配合？

四政	四時
慶 ←→	春
賞 ←→	夏
刑 ←→	秋
罰 ←→	冬

五官	五行
司農（尚仁）←→	木
司馬（尚智）←→	火
司徒（尚義）←→	金
司寇（尚禮）←→	水
君官（尚信）←→	土

董仲舒認為，陰陽、四時、五行代表的是天道，而人事要配行天道，才是正確的。

倫理政治思想：三綱說和大一統扭曲了先秦儒家思想

後世對儒家的批評之一在於其「三綱說」，那就是「君為臣綱，父為子綱，夫為妻綱」，臣子必須無條件服從君主，這其實是由董仲舒一手炮製的，他說：「妻者，夫之合；子者，父之合；臣者，君之合。」（《春秋繁露·基義》）因為陰者陽之合也，陰要順陽。

但三綱說跟先秦儒家毫無關係，孔子只是講「君君，臣臣，父父，子子」（《論語·顏淵》），意思是人居於何種地位，就應盡這個地位所要完成的義務；換言之，義務是雙向的。孟子甚至說，如果君主視臣子為「草芥」，臣子也可以這樣對待君主；雖然荀子強調「尊君」，但並不「卑臣」。三綱說其實是源於法家，韓非說：「臣事君，子事父，妻事夫，三者順則天下治，三者逆則天下亡。」（《韓非子·忠孝》）儒家講的五倫是以父子為首，但漢儒則以君臣為首，可見法家的影響。三綱說將儒法結合起來，為「君尊臣卑」奠定了理論的基礎。但董仲舒的說法比韓非更具規範性及不變性，因為他的三綱說是以自然秩序為根據，君尊臣卑就是因為陽尊陰卑，其規範就更牢不可破，違反規範就等於逆天而行，要遭天譴。

董仲舒認為，人性是善的，因為它體現了天的陽；但人不一定有善行，因為人有情，情體現了天的陰，情可產生惡行，它跟性是對立的，所以董仲舒主張「損其慾而輟其情以應天」（《春秋繁露·深察名號》），這可以說是日後宋明儒所講「存天理，滅人欲」的先聲。

政治方面，董仲舒強調大一統乃春秋大義，是為政者的首要任務。將儒、法兩家結合起來，強調天子的絕對權威，這有利於抑制地方勢力。雖然董仲舒主張刑德兼用，但還是以德為主，盡量減少刑罰，他提出以《公羊》治獄，有所謂《公羊董仲舒治獄》十六篇，用《春秋》解釋刑罰，按照儒家

寬刑簡罰的原則，教導廷尉如何治獄，因為秦代的酷刑其實並沒有消失，只消一覽《漢書・刑法志》便知其中的禍害。董仲舒主張尚德不尚刑，就是要改變這種不人道的狀況。當然，最重要的就是在天子之上加諸一有意志的「天」，用天意約制君主的權力。

一般認為，董仲舒不明孔孟心性之學，不能視之為儒學正統；但董仲舒本人的道德修養其實不差，其名句「正其義不謀其利，明其道不計其功」正是孔孟「義利之辨」的漢代版本。而董仲舒對於「仁」「義」「智」也有其獨特的詮釋，他說：「仁之法在愛人，不在愛我；義之法在正我，不在正人。」（《春秋繁露・仁義法》）他認為，修身在於「正己」，治國在於「愛人」，而智的作用是使仁有效實現。由此可見，董仲舒還是繼承了孔子的德治思想並有所發揮。

董仲舒的「性三品」

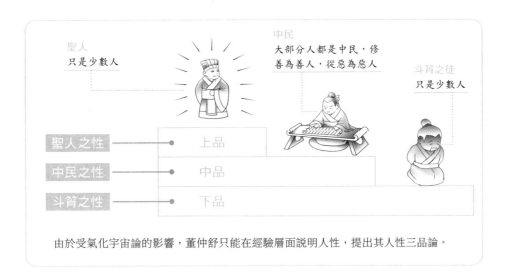

由於受氣化宇宙論的影響，董仲舒只能在經驗層面說明人性，提出其人性三品論。

政治＋迷信＋爭鬥＝漢人的意識形態
讖緯之學：政爭的思想武器

自董仲舒將災異之說引入儒學之後，經學就變得荒誕和迷信，加上災異和祥瑞跟現實政治比附，經學又被導向政治的爭鬥。政治、迷信和爭鬥就這樣結合在一起，成為漢人的意識形態，歷時三百年之久。

災異指大自然的異象，例如反常的天氣、地震等現象；相對於災異的，就是祥瑞，例如瑞獸出現、黃河變清等。正如上一節所說，天人感應義即異象是天譴，是上天對失德君主的警示；而祥瑞則是天賞，是上天對有德君主的讚揚。天人感應之說其實由來已久，戰國時的陰陽家不過將之理論化，到了漢代，董仲舒把它納入儒家，當儒家定於一尊之後，儒者就以災異之說抨擊朝政，用天的權威來限制君權。到了成帝和哀帝期間，繁重的賦稅和徭役已令人民的生活十分艱苦，加上土豪惡霸橫行，危害社會的穩定性，亦使政治鬥爭白熱化。

當時有兩大政治勢力，一個是劉姓的政權及其支持者，另一個是以王莽為首，欲改朝換代的利益集團，雙方都使用讖語和緯書來「證明」自己地位的合法性，而讖緯之學也隨之壯大起來，成為政治鬥爭的思想武器。

讖語、讖書：改朝換代的預言？

讖與緯其實是兩樣東西，讖的原意是應驗，最初的讖只是一些短句，春秋戰國時代已有，例如秦讖，其中著名的有「亡秦者胡也」，當時秦始皇以為「胡」是指胡人，即匈奴，於是修建萬里長城；後來事實證明，胡者乃胡亥，即秦二世，正是因為二世昏庸，致使太監趙高獨攬朝政而秦朝就此滅亡。

進入漢代之後，讖語越來越多，而且成書為讖書，讖的形式亦多元化，發展為圖畫、符號、星象甚至異物。著名的讖書有相傳出自上古的《河圖》和《洛書》，而當時的讖書也多以聖人和經典來附會，例如有《孔老讖》《春秋讖》《詩讖》《論語撰考讖》《孝經中黃讖》等。

西漢末年，由於政治腐敗，一些方術之士，通過讖語批評朝政，甚至預言改朝換代。例如哀帝時，就有《天官曆》和《包元太平經》等讖書出現，促使漢帝退位。

後來讖語更演變為集團鬥爭的武器，例如王莽就炮製了大量讖語，力證其易姓改制乃天命所歸，將其篡位合理化。而劉秀可以復興漢室，即位為漢光武帝，亦是得到讖語的幫助，例如，有讖文說「劉秀發兵捕不道，卯金修德為天子」。

劉秀統一天下之後，就命人校訂圖讖，並於公元 56 年頒佈圖讖於天下，即《河圖》《洛書》和七緯，由此奠定了讖緯神學的基礎，使之為政權服務，並禁止擅造圖讖，當然，也不容許任何人批評圖讖。桓譚因反對讖緯，觸怒了漢光武帝，幾乎被處死；而孫咸僅因一句「孫咸征狄」的讖句，就被封為平狄將軍，由此可見圖讖的政治「威力」。

河圖、洛書究竟是甚麼鬼？

現在我們所看到的《河圖》和《洛書》是兩張以黑點和白點排列而成的圖，相傳伏羲時，黃河浮出龍馬，背負「河圖」，獻給伏羲，伏羲據此畫出八卦，後演變為《周易》。至於《洛書》，相傳大禹時，洛水出現大龜，背負「洛書」，大禹得之，成功治理洪水。

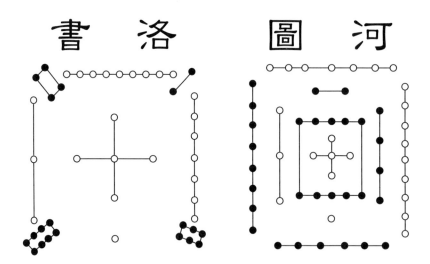

黑點代表陰，白點代表陽；黑點為雙數，白點為單數。河圖中的五組黑白點排列，分別代表東、南、西、北、中五個方位，也代表木、金、火、水、土五行。而洛書中無論是橫行、直行或對角的點數相加，總數都是十五。至於《河圖》和《洛書》蘊涵着甚麼「奧秘」，那就眾說紛紜。

緯書：一杯用迷信和政治苦心調製的雞尾酒

「緯」的本意是織布上的橫絲，「經」的本意則是織布上的縱絲，引申出來，緯書就是補經書之不足。但緯是從陰陽五行的角度來解釋經，所以緯書實質是陰陽五行之學，而董仲舒的《春秋繁露》則可謂緯書的始祖。

緯書自然也有不少神秘色彩和預言的成分，例如《春秋緯》說孔子預知將來會出現漢朝，孔子作《春秋》就是為漢制法。

漢朝的緯書有七種，除了對應六經的六緯之外，還有一緯是配《孝經》的。漢儒將《孝經》也列為經，合共七經。「孝」在漢代之所以重要，是因為在董仲舒的政治構想中，孝天是用來制約君權的。董仲舒說：「號為天子者，宜視天如父，事天以孝道也。」（《春秋繁露‧深察名號》）

但何謂孝呢？根據孔子的標準，那就是不改父道，所謂「父在，觀其志；父沒，觀其行；三年無改於父之道，可謂孝矣」（《論語‧學而》），所以天之子（天子）要遵守天的旨意，像封禪這類天子的禮儀，是緯學的觀念，源於陰陽五行，漢儒十分重視，其要旨就是要求天子以仁義治國，然後以此禮答謝上天的眷顧。緯學固然有荒誕迷信的成分，但從某個角度看，亦可見漢儒的一片苦心，就是用天的權威來約制君權，以防君權的濫用。

封禪

「封」是祭天，「禪」是拜地。

封禪是天子受命於天的儀式，由秦始皇開始，是歷代君主用以合法政權的方法。

讖緯之學的最大危害：淪為野心家的工具

在春秋時代，陰陽、五行、災異、符瑞、命定論、天人感應等思想已經流行，《左傳》和《國語》也有記載。儒家的興起，某種意義上就是為了反對這些神怪之說，提倡人文精神；然而，到了漢代，儒家竟然陰陽五行化，難怪有學者認為這是漢儒的墮落。

如果說陰陽五行是迷信的大本營，那麼，讖緯之學就更是迷信的極致。漢人相信一切人事歷史都是由上天決定的，讖緯不過是預先揭露這些安排。這是一種目的論式的決定論。

自從漢光武帝頒佈圖讖於天下，讖緯之學變成了國學，經學大師都信奉並研究讖緯，雖然有桓譚、揚雄和王充等人反對，但讖緯之學還是大盛於東漢。經師想要當權者接受自己的主張，也不得不援引緯書，附會圖讖，讖緯之學的地位比經書還要高。直到南北朝時，才有禁圖讖之令出現。

除了迷信之外，讖緯之學的最大的禍害，就是成為野心家謀朝篡位的幫兇，例如張角就利用「黃家當興」這句話來發動黃巾之亂，後來曹丕也以讖緯來證明自己才是真正的「黃家」。

學術方面，漢代經學本來在整理古籍方面有重大的貢獻，但由於受讖緯的影響，亦不免有其荒誕無稽的一面，喪失了先秦儒家最重要的人文精神。尤其是將孔子神化，把孔子推上「前知千世，後知萬世」的神壇，對不語怪力亂神的孔子來說，真是一大諷刺。

相比之下，緯書的思想價值比讖語要高，因為即使有迷信荒誕之處，緯書對朝政的批評亦有合理之處，其間也記載了一些有關歷史、天文和地理的知識。

是政治鬥爭還是學術論爭？

古、今文經學之爭

　　雖說秦始皇為了統一思想而焚書，但這只是禁民間藏書，官方藏書仍舊很多。但隨後項羽火燒阿房宮，就連秦官方藏書亦遭焚毀，於是儒家經典與儒學的傳播同時消失。

　　西漢自惠帝起，開始重視儒家經典，派人四處尋訪名師宿儒。那些老儒靠記憶將經典文本默寫下來，令古籍重現。由於這些書是用當時通行的隸書寫成，所以稱為「今文經」。同時，若干儒學大家也開始在西漢政府中得立學官。如前所述，武帝立五經博士，有所謂「五經八家」，後來更衍生出「五經十四博士」。五經博士影響很大。以《詩經》為例，《詩經》由三家所傳，每家對經的解釋都不同，形成所謂「師法」，而弟子需要按師法講經，叫作「守師法」。強調師法自然會形成極強的學派觀念，加上五經是官學，是晉身朝廷的階梯，所以在社會上有很大的影響力，甚至能夠左右朝政。

五經、八家、十四博士

五經	詩			書			易				禮		春秋	
八家	申公（魯）	轅固生（齊）	韓嬰（韓）	伏生（濟南）			田何（淄川）				高堂生（魯）		董仲舒	胡毋生
十四博士				歐陽高	夏侯勝	夏侯建	施讎	孟喜	梁丘賀	京房	戴德	戴聖	顏安樂	嚴彭祖

後來武帝和成帝更派人在民間搜尋古代遺書。西漢末年，劉歆奉命校閱藏書，發現了一些寫在竹簡上的古籍，這些都是為避秦火民間私藏的典籍，主要有《春秋左傳》《詩經》《書經》《易經》和《周禮》等，它們都是用漢以前的文字寫成，所以稱為「古文經」。

劉歆認為，古文經更接近原典，它不像今文經，是由經師背誦出來，並且加入了經師個人的見解及發揮，例如董仲舒所治的《公羊傳》就混入了陰陽五行的思想，忽略了孔子的原意；反觀《左傳》的作者左丘明，跟孔子同時代，所記之事更合符孔子的本意。

劉歆欲爭取令古文經為官學，但這等於挑戰了今文經師的地位，自然會引起其反對，今、古文經學之爭隨之爆發，歷時二百多年，一直到東漢滅亡才結束。

古文經的來源

《春秋》	《左傳》由張蒼所傳 *
《詩經》	由河間獻王劉德的博士毛公所傳，又稱為《毛詩》
《周禮》	魯恭王毀孔宅牆壁而得
《書經》	由孔子後人孔安國藏於孔宅牆壁之中，又稱為《古文尚書》
《易經》	為費直所傳，又稱為《費易》

＊ 戰國時，《左傳》已廣為流傳，但當時古籍中不見《左傳》二字，涉及《左傳》一書時，往往簡稱《春秋》。

古文經多是為避秦火，由民間私藏。

學術論爭夾纏着政治爭鬥

由劉歆開始，古文經師一直都想將古文經立為官學，但每次都遭到今文經師的反對。雖然如此，古文經還是慢慢得到社會的認同，並在東漢末年大盛，不過直到魏晉時期才真正獲得官學的地位。

今古文經學之爭，不但是學術之爭，也涉及政治上的鬥爭。

先說學術方面，今文經學大盛於西漢，古文經學則在東漢發揚光大。今文經師長於章句之學，即分章斷句，而斷句不同就會產生不同的意思，這有利於他們闡發個人的見解，而其通經致用的主張，對後世的改革思想亦有所影響。例如清末時的康有為，就曾試圖以公羊學來謀求革新。至於古文經師，重視文字的訓詁，力圖恢復經文的原意，有客觀求真的研究精神及嚴謹的治學態度，對整理古籍和文字學有很大的貢獻。《爾雅》和《說文》這兩部文字學的經典，就是出現於古文經學興盛的東漢時代。

古今文經學之爭的核心是《公羊傳》和《左傳》之爭，而這兩家思想又跟政治爭鬥有千絲萬縷的聯繫。自武帝之後，外戚開始專權，王氏甚至想奪取漢家的天下，但作為國學的公羊學不但不能阻止此事，其朝代更替和禪讓的觀念更成為王氏篡權的思想工具。雖然宣帝時劉向上疏立《穀梁傳》為官學，試圖以其標榜的仁義倫常來穩定漢家的政權，但卻沒有起到多大作用，因為當時讖緯之學大盛，命定之說流行。反而《左傳》以一句「秦人歸其帑，其處者為劉氏」，輕輕鬆鬆便賦予劉氏政權天授的合法性。由此《左傳》得到重視，成為《公羊傳》的強勁對手。

漸漸地，今文經和古文經變成了政治角力的工具。古文經學盛行於東漢，當時的經學大師動輒有弟子千人，形成了一股很強的勢力，他們批評朝政，得罪當權的宦官，最後演變為黨錮之禍，株連甚廣。

今古文之爭的四個階段

階段	經過	結果
西漢哀帝時期	劉歆欲立《左傳》《毛詩》《周禮》和《古文尚書》為官學	四書被今文經博士批評為偽託之書
東漢光武帝時期	尚書令韓歆上奏，欲立《費易》和《左傳》為官學，遭范升反對。	光武帝雖立《左傳》為官學，但由於不斷有人反對，後又廢其官學資格。
章帝時期	賈逵入宮為皇帝講學，明言《左傳》勝於《公羊傳》和《穀梁傳》，而《毛詩》亦優於《魯詩》《韓詩》和《齊詩》，今文經學家李育則作《難左氏義》四十一事反擊。	雖然古文經未被立為官學，但章帝下令儒者要古今文並習，古文經的地位有所提升。
桓、靈二帝時期	古文經大師鄭玄，跟今文經大師何休互相辯難。	古文經學的地位得到肯定

何休與鄭玄：今文經與古文經的攻守戰

何休（129—182），東漢末今文經學大師，因黨錮閉門十七年，完成《春秋公羊解詁》。其注公羊可謂集今文先師的大成，也可以說是對公羊學的整頓，何休更將其視之為平亂的依歸，試圖以此振興漢室大業。

鄭玄（127—200），東漢末古文經學大師，因黨錮閉門十四年。他師事著名經學家馬融、盧植和第五先生，一生鑽研經學，未曾出仕。

何鄭二人因立場不同，展開了一場有攻有守的古、今文經學大論戰。

何休認為《公羊傳》義理嚴謹，於是作《公羊墨守》，喻意公羊學如墨家守城，沒辦法攻破；但鄭玄偏偏攻擊《公羊傳》，作《發墨守》，以難何休。何休認為《左傳》矛盾太多，如病入膏肓，實無藥可救，於是作《左氏膏肓》，又認為《穀梁傳》義理不全，如肢體不全之人，作《穀梁廢疾》；而鄭玄則作《箴膏肓》及《起廢疾》，以反擊何休。

鄭玄能對何休的非難作出有力的反駁，全因他不僅了解古文經，亦對今文經十分熟悉，連何休也說：「康成（即鄭玄）入吾室，操吾矛，以伐我乎！」（《後漢書‧張曹鄭列傳》）其實鄭玄不但熟諳古、今文經，還善於調和兩者，例如他注《詩經》就是以毛家為主，兼取齊、魯、韓三家。時人有評：「康成為經神，何休為學海。」看來還是鄭玄略勝一籌。

雖然鄭玄遍注群經，但他的最大的貢獻還在於《三禮注》。三禮就是《周禮》《儀禮》和《禮記》。其中，《周禮》是古文經，《儀禮》是今文經，至於《禮記》，最初附屬於《儀禮》，是西漢經學家戴勝編輯的，也稱《小戴禮記》，而戴勝的叔叔戴德所編的《禮記》世稱《大戴禮記》。後來鄭玄注《小戴禮記》，使它的知名度大大提升，在明代還上升到「經」的地位。鄭玄的經學也是以禮學為中心，以後歷代新朝無不以《三禮注》為制禮的根據。

經學的得失：荒誕迷信與經世致用、學術開拓並存

秦火、挾書令（「敢有挾書者族」）和楚漢之戰對古代經書造成很大的破壞，漢代經學的出現不啻為一道曙光，有利於古代書籍的整理。今文經學先師憑記憶默寫經書，一方面受當時陰陽五行思想的影響，另一方面又有個人解釋上的差異，所以今文經並非經書的原貌。古文經則較接近經書原貌，但也存在自身的問題，那就是偽書的指控，例如宋代的司馬光認為《周禮》是劉歆所偽造，清末的康有為在《新學偽經考》中批評《左傳》和《周禮》都是偽書，雖然後來錢穆駁斥了康有為的説法，但學術界仍普遍相信古文經有部分內容是劉歆杜撰出來的，用以抗衡當時的今文經學。

古文經和今文經也有相同的問題，就是繁瑣，例如今文學家以先師學説為根據加以發揮，解説一字竟用上十多萬言。不過，今文經學多以陰陽五行之説加以比附；古文經學則重視訓詁考據的實學，相對來説，荒誕迷信成分也較今文經學少。例如鄭玄所作的箋注就有意將經學從荒誕迷信帶到訓詁考據之上，所以古文經學逐漸取代了今文經學，成為主流。

撇開經學的荒誕成分，從今天的角度看，今文經學的貢獻在於開創章句之學，也有經世致用的開拓精神；古文經學則成就了訓詁學和文字學，為後來的學術研究打下了根基。

在社會影響上，經學發達也使儒家的思想觀念得以落實，通過教化，倫理思想和禮儀規範普及到社會各階層，並建立起社會秩序，某程度上可説是孔子理想的實現。

不過，雖然經學一直是官學，也是晉身仕途的敲門磚，但儒學在以後的幾百年中並沒有重大發展，魏晉時的顯學是玄學，隋唐時盛行的是佛學，儒學要到宋明時期才得以復興。

今文經學和古文經學同上拳擊台，誰勝？

❶ 孔子的地位

今文經學	孔子乃素王，託古改制

素王：沒有土地、沒有人民，只要人類歷史文化存在，他的影響就永遠存在。

古文經學	孔子乃先師，諸子之一，述而不作

❷ 六經的地位

今文經學	以《春秋公羊》為主

為孔子所作，由淺至深依次排列：詩、書、禮、樂、易、春秋。

古文經學	以《周禮》為主

只是古代的史料，以時間順序排列：易、書、詩、禮、樂、春秋。

❸ 經學的發展

今文經學	被立為官學，盛行於西漢

古文經學	西漢末出現，大盛於東漢

❹ 可疑之處

今文經學	記憶背誦並不可靠，加上這些名師宿儒又年紀老邁；筆錄是只記其音，可能並非原文。

古文經學	多是斷簡殘篇，也有文書脫落的問題；這些古文字漢代人未必能全部認得。

4 王充的批判

讖緯之學雖然充滿荒誕和迷信色彩，但由於貴為東漢王朝的國家意識形態，又是儒者晉身仕途的登天梯，所以還是十分興盛的，少數人士的批判對它影響不大。不過，在這些批判中，學者王充（27—97）的聲音是比較獨特的，他作出了全面、深入的批評，就是從整個中國古代歷史的背景看，他的批判也是個異數。

王充出身貧苦，自小勤奮好學，後考進太學，師承班彪，但求學不限一家之言，喜歡博覽群書，且表現出「知難問」的懷疑精神和「疾虛妄」的批判態度。

王充的十八般批判武器：九虛三增

九虛

書虛、福虛、禍虛、
變虛、異虛、感虛、
雷虛、龍虛、道虛

哥就是這麼特立獨行！

王充

三增

語增、儒增、藝增

其實「儒增」和「藝增」都屬於「語增」，「儒增」針對儒者的言論，「藝增」則指六藝的言論。

王充的批判有所謂「九虛三增」，「虛」就是虛假，「書虛」就是指書本中錯誤的地方；「增」就是增加，「語增」就是指語言中的誇大失實之處。

理性批判的依據是甚麼？簡言之，就是邏輯和實證。先秦諸子中，最具批判精神的是墨家思想，在知識論和邏輯學方面頗有建樹，而王充的批判亦有不少跟墨家相通之處，後面會進一步論述。

王充的重要作品是《論衡》，「衡」是持平的意思，「論衡」就是要作客觀的評論，其主旨為「疾虛妄」，即批判虛妄之言。例如他指出漢初伏生所傳的《尚書》只有二十九篇，而孔子所刪定的《尚書》有百篇，換言之，即是約有七十篇散佚，所以判斷漢成帝時張霸所獻的一百零二篇《尚書》為偽書。

但王充主要針對的還是漢代流行的「天人感應」思想，並由此提出自己的天人觀及獲取真知的方法。《論衡》現存八十五篇，其中〈招致〉篇只有篇目，所以全書實存八十四篇。

影響王充的先驅人物：揚雄與桓譚

對王充的影響：
批判神仙之說和迷信思想

對王充的影響：
批評讖緯之學，主張形具而神生

著作：
《太玄》《法言》

著作：
《新論》

揚雄（前 52—18）與桓譚（前 23—56）均是漢代少數具批判精神的思想家，也可謂影響王充的先驅。

■ 王充的天人觀：老天爺和人類「冇相干」

用氣來解釋宇宙萬物的生成和變化，這是漢人的共識，但王充與眾不同的地方在於，他認為氣只是物質性的東西，並沒有董仲舒所講的精神性或道德性。對王充來說，「天」只是含氣之體，並沒有意志和人格，雖然天施氣而生萬物，但天並沒有目的或意識生成萬物，萬物是自生的，「天地合氣，萬物自生」（《論衡‧自然》），因此，我們不妨說「萬物自生」是一種自然論，而董仲舒的天道觀則是一種目的論。

如果不存在有意志的天對人間進行賞罰，則董仲舒拋出的「天人感應」乃至「以德配天」説都失去了根據。那麼，王充又如何理解天人的關係呢？所謂「天道無為」，「人道有為」（《論衡‧説日》），王充的天道觀接近黃老自然無為意義下的「天」，而「無為」和「有為」也正是天道和人道的分別。

王充完全否定天人感應的思想，認為人的行為既不能影響天的運行，天亦不會因應人的行為而有所反應，即「夫人不能以行感天，天亦不隨行而應人」（《論衡‧明雩》）。王充特別對譴告説和符瑞説作出批評，認為所謂「災異」不過是自然現象，並不是上天對為君者的警告。他説：「夫天道，自然也，無為。如譴告人，是有為，非自然也。」（《論衡‧譴告》）譴告之説雖自古有之，但不過是人編造出來以制約君主的行為，王充更將譴告之言視為「衰世之語」，認為僅僅是當時人的心理投射。

至於符瑞之説，是指諸如朱草、鳳凰、麒麟等瑞物的出現，是君主受命於天的象徵，《白虎通義》更藉此宣揚漢朝的合法性。王充認為瑞物的出現全是巧合，他説：「文王當興，赤雀適來；魚躍烏飛，武王偶見，非天使雀至、白魚來也。」（《論衡‧初稟》）

四疑：看王充怎麼手撕「天人感應」說

「四疑」是王充對「寒溫」「譴告」「變動」及「招致」這四種跟「天人感應」有關說法的質疑。

再撕下去就走光了！

| 主旨 | 同氣相應，人喜生溫和之氣，可招致天以溫和之氣相應 |
| 王充批評 | 齊、魯是相鄰之國，一行賞，一行刑，但不會使兩地的氣溫產生差異 |

| 主旨 | 人君的喜怒之氣，可導致氣候的改變 |
| 王充批評 | 人沒有因喜怒而改變體溫，又如何影響外界的氣溫？ |

| 主旨 | 上天並非直接以災異警告，而是人君施政有誤，天動氣應之，是為災異 |
| 王充批評 | 天大居上，人小卑下，如何有力量以氣動天？ |

| 主旨 | 人君失德，上天就會用災異予以警告 |
| 王充批評 | 譴告之說只是人主觀意願的投射，希望改變衰世 |

王充的性命論：人的才性和命運事先已被決定

王充認為萬物由氣所生，人也不例外，其性命論亦是以此為基礎。王充指出，人稟氣而生，並以氣的強弱、厚薄、清濁，說明人的「性」和「命」，性是關於人的善惡和智愚，而命則涉及人的生死、貴賤和成敗。當然，此「性」不是孟子所講的「性善」，而是跟後來魏晉時代所講的「才性」意義相近；「命」亦不是孟子講的「天命」，而是類同「命運」的意思。王充認為，「性」和「命」是彼此獨立的，善人未必長壽，惡人亦不一定短命，即「或性善而命凶，或性惡而命吉」（《論衡‧命義》），因此他反對「隨命」之說，「隨命」是指人的命運會隨行為的善惡而有所改變。

王充將「命」分為兩種，關乎生死的叫作「壽命」，關乎貴賤的稱為「祿命」，而兩種命在人受胎之時就已被所稟之氣決定。對此，王充說：「凡人受命，在父母施氣之時，已得吉凶矣。」（《論衡‧命義》）又說：「人生性命當富貴者，初稟自然之氣，養育長大，富貴之命效矣。」（《論衡‧初稟》）這裏所講的氣有兩個來源，一個是來自父母，決定人的壽命；另一個來自星體，決定人的貴賤。所以王充贊成「生死有命，富貴在天」的說法。

王充主張「性成命定」，表示雖然人的「性」和「命」一早就被決定，但「命」又與「時」有關。「時」是指「時機」，意指遇上甚麼外在的環境是偶然的，跟「遭命」的意思差不多。

王充認為，雖然人性是早已被決定的，但人之善惡行為卻是可以改變的，所謂「其惡者，故可教告率勉，使之為善」（《論衡‧率性》）。既然人性的善惡先天被決定，所以王充不同意孟子的性善論和荀子的性惡論，他認為孟子的性善是指中人以上者，而荀子的性惡則指是中人以下者。但其實他誤解了孟、荀二人的理論，因為孟子的性善是指人的道德自覺，而荀子的性惡

則指若不對人與生俱來的慾望和本能加以控制，就會產生爭奪和混亂。

王充既反對人事是上天有意的安排，也否定人的福禍受善惡的影響，而他的性命論也可以理解為一種決定論，因為一切人事上的吉凶和貴賤，都是被出生時所得之氣決定的，雖然命有時機的一面，看似偶然，但也不妨說這些遭遇也是被決定的，只是當事人不知，才以為是偶然。王充的命定說本涉及決定論和自由意志之爭，可惜後人沒有在這方面作深入的討論。

氣 VS 性命：「氣」決定了人的才性、命運？

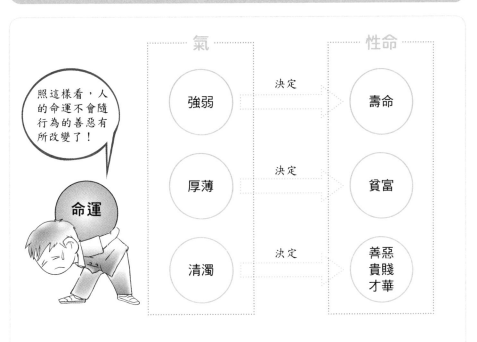

王充的理論可稱為「氣命定論」，人的壽命、貧富、貴賤、善惡和才華都是由出生時所受之氣決定的，除了善惡可經由禮樂教化而改之外，其餘的皆不可變。

✳ 王充的知識論：探討知識來源、求知方法和真偽判準

　　知識論是哲學的一個重要部分，探討的是知識的來源和判斷標準。王充以「疾虛妄」為己任，他判定「天人相應」說和「災異」說都是虛妄之說，虛妄即是不真實。那甚麼才是「真實」？用甚麼方法可以得知真實？

　　《論衡》中的〈實知〉篇和〈知實〉篇就是探討這些問題的，「實知」指真實的知識，「知實」則指對真實的認知。王充認為，知識的判斷標準是「經驗」和「實效」，即「事莫明於有效，論莫定於有證」。（《論衡·薄葬》）先秦諸子中，墨子的三表法也可歸入這兩個判準，而荀子的「符驗」（符合驗證）和韓非的「參驗」（參對、比照和證驗）亦有類似的意思。

　　簡單來説，跟事實相符的就是「真實」，而獲取知識主要依靠我們的感官經驗，王充説，「如無聞見，則無所狀」，「不目見口問，不能盡知」（《論衡·實知》），就是這個意思。

墨子 VS 王充

王充的標準：
- 經驗
- 實效

- 本之於古者聖王之事
- 原察百姓耳目之實
- 廢（發）以為刑政，觀其中國家百姓人民之利

墨子

墨子的三表法
| 前人的可靠經驗 | 當代人的直接經驗 | 效果 |

王充和墨子的驗證標準大致一樣，但王充認為墨子的「明鬼」和「薄葬」存在矛盾，要提倡薄葬，就必須掃除對鬼神的迷信。

　　所以王充反對「聖人能前知千歲，後知萬世」之說，像《白虎通義》（這是班固奉漢章帝之命，根據在白虎觀舉行的經學辯論結果撰集而成的書，代表官方的思想）主張聖人有「神知」，「聖人所以能獨見前睹，與神通精者，蓋皆天所生也」（《白虎通義・聖人》），更是王充反對的。但王充並不否認孔子是聖人，只是反對將聖人神化，他在〈實知〉篇列舉了很多證據，證明孔子並非「生而知之」，例如孔子生下來的時候，根本就不知道自己是殷人的後代，而事實上，在《論語》的〈述而〉篇中，孔子也說自己並非生而知之。至於孟子所講的「不慮而知」的「知」，其實是指「良知」，即人的道德自覺，並非知識。在《論衡》〈問孔〉〈刺孟〉兩篇中，王充對聖人言行進行了批評，但他並非要否定孔孟，而是想指出聖人其實跟普通人一樣，說話也會犯錯，比如孔子說話也難免「上下多相違」。

何謂「聖人」？

上古說法

聖人　天生聰明，對國家人民有重大貢獻的王者

孟子

聖人　道德修養達直接感化他人的境界

讖緯之學

聖人　具有神知，前知千世，後知萬世

＊　孔子在世時否認自己是聖人，這不是謙虛，因為他的確不符合傳統以來「聖人」的條件，聖人必須是王者。

＊　後來孟子改變了「聖人」的意思，聖人也就增多了，除了孔子，還有不同類型的聖人。但在孟子的定義中，聖人和神人是有分別的，到了漢代讖緯之學卻將聖人上升為神人。然而，在三種定義中，只有孟子所定義的聖人才符合孔子的實情。

　　王充強調,在獲取知識方面,雖然感官經驗十分重要,但也不可忽視心的作用。他批評墨家時說:「墨議不以心而原物,苟信聞見,則雖效驗章明,猶為失實。」(《論衡‧薄葬》)但他說墨家忽視心的作用顯然不成立,因為墨家本身也很重視心的統合能力,「知材,知也者,所以知也,而必知,若明」(《墨子‧經說上》),「明」就是「心」的統合。王充的批評其實是針對墨家的鬼神之說,他指出,即使有鬼神經驗的報告,也未必是真實的,很可能是人的錯覺和幻覺,尤其是人衰弱的時候,就容易產生幻覺。

　　但如果這些經驗屬實,又當如何呢?王充基本上否定人死後為鬼之說,他認為這些鬼怪只是陰、陽二氣的屈伸表現,是由「邪氣」和「妖氣」形成。

形神觀:人死了變鬼,還是一了百了?

形體產生於精神
莊子認為,
精神來自道

精神可獨立於形體而存在
墨子認為,
人死後為鬼

形體先存在,才產生精神
荀子認為,
人死,精神就會消失

先秦以來,精神和形體的關係大致有以上三種說法,王充的看法屬於第三種,跟桓譚「具形而神生」的主張差不多。

雖然王充否定「神知」及「前知」之說，但認為人可以有「先知」或「預知」，即根據過往的經驗，推論出將來的事，這就是「推原往驗以處來事」（《論衡·實知》）。

除了知識的來源、求知的方法和真偽的判準之外，王充還探討了「不可知」的問題。王充說：「不可知之事，不學不問不能知也。」（《論衡·實知》）又說：「不可知之事，問之學之，不能曉也。」（《論衡·實知》）此二說看似矛盾，其實不然。因為第一句中的「不可知之事」指有些我們不知道的事，可通過學習和求問而得知，而第二句中的「不可知之事」指即使通過學習和求問，也有些事是我們不可能知道的。

其實王充已觸及知識限度的問題，可惜又是後繼無人。因為由儒家開創的文化傳統，重德輕智，重視德性之知（即良知），輕視見聞之知（即知識）。

王充思想的三大特點

實證

需要態度客觀、嚴謹

懷疑

對天人感應、讖緯之學、鬼神之說甚至經書和聖人之言存疑。

批判

需要勇氣

※ 王充的思想有三個特點：實證、懷疑及批判，這也正是其批判思考的三大支柱。

※ 有懷疑的精神，才會對天人感應、讖緯之學、鬼神之說甚至經書和聖人之言存疑；然後去尋找證據，這需要客觀和嚴謹的態度；最後是基於實證進行批判。批判並不容易，它需要勇氣，因為可能要承擔很壞的後果。

從經驗層面了解人性
5 對漢代哲學的總結

　　漢代歷時四百多年，雖以經學為主流思想，但漢代早期的黃老思想也產生過重大影響，而東漢早期的王充更是異軍突起，對漢代流傳下來的迷信、荒誕及虛妄之說作出全面批判。雖然王充的批判、實證及懷疑的精神沒有得到真正的繼承和發揮，但在中國悠久的歷史長河中，實是不可多得。經學之得失和讖緯的禍害，前面已有說明，現不贅言，在這裏筆者想主要比較一下董仲舒和王充的思想。

　　筆者只是認同王充的批判精神和懷疑態度，並不完全贊同其實證標準，更不同意他的一些具體批評，例如將「天人感應」和「鬼神存在」全部斥為虛妄之說。王充的哲學可以稱為自然論，接近西方的自然主義，即視經驗世界為唯一的真實，否定鬼神及一切超越現實的事物。要注意的是，自然主義不同於經驗主義，自然主義是一種形上學，而經驗主義則是知識論的主張，即知識的獲取要基於經驗證據。筆者認為，如果有充分的經驗證據，我們也可以建立鬼神之說，所以經驗論不一定要否定鬼神的存在。

　　至於董仲舒，筆者認為，其「天人感應」之說的最大問題在於「人副天數」的主張，不但充滿牽強比附，而且混淆了事實與價值，當然也缺乏充分的經驗證據支持。胡亂比附會產生很多不合乎事實的迷信思想，一旦被心懷不軌的人加以利用，就會帶來很大的禍害。董仲舒的理論雖然是一種神意目的論，但神意主要決定政權的興廢，並且取決於人君的德行，人仍有很大程度的自主性，跟後來發展出來的讖緯之學不同，後者認為一切都是預先被決定的。王充的自然論也是一種命定論，但並非一切都是被決定的，只限於人的壽命、富貴和才華。

　　對於「人性」的問題，漢代哲學的特點是以氣解性，只就經驗層面了解人性，所以董仲舒的性三品跟王充中人、中人之上及中人之下的三分論十分相似。雖然兩人都說善惡之行為可以改變，但受困於其以氣解性的觀點，不

明價值自覺的意義。不過，氣性之説可以用來説明人的差異性，啟發了後來魏晉的才性之説。

董仲舒和王充的理論，似乎形成了兩個極端：前者相信神意，認為有個有意志的天對人間進行賞罰；後者只確定經驗事物是唯一的真實，否定鬼神的存在。然而，兩者也有相同之處，就是無法安立價值。董仲舒以為價值根源於宇宙秩序，不明價值主體的意義；王充之學只能對經驗事物作出肯定，根本忽視價值的問題。前者試圖安立價值，但失敗；後者則乾脆不予安立。

董仲舒同王充的撲克大戰

經學
質疑經典

人性論
上、中、下之人

天人觀
天人感應，人副天數

人性論
性三品

經學
重視經典

形上學
自然論

我出天人
感應牌！

形上學
目的論

我出天道無為！
你還出不出？

王充

董仲舒

有一個有意志的天作為萬物的根源，符合天意的行為就是對的，違反天意的行為就是錯的，上天想我們怎樣，這就是上天的目的。

得意忘象，得象忘言。

——王弼

第二章

魏晉玄學：開啟形上思辨的空間

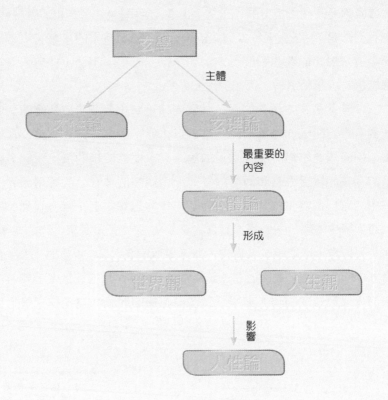

　　玄學是魏晉時代的主流思想，但「玄學」一詞，要到東晉南朝宋文帝時才出現，「玄」是指玄理，玄理即是玄妙之理，泛指微妙精深的道理，多涉及抽象的形而上學，而形上學則是哲學最基本的部門。正如老子所說：「玄之又玄，眾妙之門。」（《老子‧第一章》），王弼（226－249）的《老子注》也說：「玄者，物之極也。」對於形而上學的探討，先秦之學以道家和《周易》為代表，難怪魏晉時代所推崇的「三玄」正是《老子》《莊子》和《周易》。「三玄」之中有兩部是道家的作品，所以玄學也可以說是道家的復興，有學者認為這是先秦道家思想的深化和發展，例如牟宗三先生；不過，亦有學者認為這是道家思想的扭曲和墮落，例如勞思光先生。

　　玄學涉及萬物本源的問題，其實漢代哲學也觸及了這個問題，漢儒認為有一個有意志的天作為萬物的主宰，以「氣」來解釋天人感應及萬物的生成變化。但漢儒之學是一種神意目的論，只求樹立終極的無上權威，斷定有意志天的存在，缺乏思辨和討論的空間。由漢儒的神意目的論到魏晉的思辨玄學，中間有一個轉化或過渡，這就是揚雄的思想。上一章也談到，揚雄是王充批判哲學的先驅，主要著作有《太玄》，「玄」正是萬事萬物的本源，「夫玄也者，天道也，地道也，人道也，兼三道而天名之」。揚雄的「玄」已不是漢儒有意志的天，反而更接近老、莊所講的「道」。而玄學的尚智精神亦有異於漢儒的「學究式」經學。玄學豐富了形上學的討論，在某種意義上，可算是繼先秦之後，開啟了一個思想激盪的時期。

南朝四學 → 儒學　文學　史學　玄學

「玄學」這個名稱是南朝宋文帝時才產生的。

對漢代經學的挑戰

玄學的興起及發展

自漢武帝獨尊儒術之後，儒學成為了官學，可是已經陰陽五行化，讖緯災異之説流行，附會迷信之風大盛；另一方面漢儒又過分重章句訓詁，竟有用萬言來解釋一字的。前者荒誕之極，後者繁瑣之至。玄學的興起，某種意義上是對漢代經學的顛覆，玄學的初期就是以道家思想來解釋儒家，例如王弼注《周易》、何晏（193－249）注《論語》，都是從老子的角度出發，這也是學術上的新嘗試。

漢末天下大亂，群雄並起，荊州太守劉表為荊州帶來暫時的安定，並大力推行文教，各方學者雲集，產生了荊州學派。荊州學派的特點是擺脱了漢儒的象數易，以道家思想來解釋《周易》。王弼的祖父王凱與王粲（建安七子之一）是兄弟，王粲曾仕於劉表，也屬於荊州學派，所以王弼的思想也可以説是上承荊州學派。

名士與清談：暴政下知識分子的無奈選擇

玄學的內容以道家思想為主，清談則是一種討論的方式，而參與討論的人都有特定的身份，那就是名士。名士是魏晉時代的獨特產物，他們多是貴族，來自上層社會，也是知識分子，但又不同於先秦的封國貴族。名士講求風姿，崇尚清逸。漢代選拔人才是用察舉制，魏則用九品中正制，但這些制度卻形成了門第的觀念，只有豪門大族才有資格被選中出仕，正所謂「上品無寒門，下品無士族」。

清談的前身是清議，清議盛行於東漢，指的是知識分子議論朝政和人物，他們批評外戚和宦官，形成了一股輿論力量，最後招來當權者的鎮壓，兩次「黨錮之禍」令剩下來的知識分子不得不改變議論的內容，遠離政治，避免受牽連，於是他們開始討論一些抽象的玄理，開啟了清談的風氣。清談

的內容除了玄理之外，也包括品評人物，但這種品評已不是儒家式的道德批評，而近於審美欣賞。

東漢末年，地方勢力割據，後形成三國鼎立之勢，情形有點像戰國時代，法家和縱橫家受到賞識，曹操所下的求賢令，其中的「賢」就是以蘇秦和張儀為榜樣，需要的是能言善辯之才，於是名家的論辯也受到重視。當然，魏晉的精神始終還是道家的，但受時代影響，論辯之風大盛於清談之中。

清談：中國古代的高級「沙龍」

清談基本上有三種形式：

不普遍

一人主講
繼承漢代的講經傳統，其他人在講壇下聽

普遍

二人論辯
二人對話，其他人只聽，不參與討論

不普遍

多人討論
二人對話，其他人也可參與討論

清談不是一般的論辯，它講求修辭和儀態，而參與的都是貴族和知識分子，是名士的聚會，所以也有社交的功能。

玄學的發展：才性論和玄理論的纏鬥進程

玄學所討論的問題可以分為兩組，一組有關才性，另一組有關玄理。才性論較早出現，但玄理論才是玄學的主體，玄學的分期也是依據玄理論的發展劃分的。最早對玄學作出分期的是東晉時的袁宏，他將玄學的發展分為三個時期：正始、竹林及中朝，中朝即西晉，加上袁宏身處的東晉，就有四個時期。近人湯用彤和湯一介也各自將玄學分為四個時期，本書綜合幾家的觀點，作了以下的分期：

正始時期	「正始」是魏齊王曹芳的年號
代表人物	王弼和何晏
理論依據	《易》和《老子》
特色	調和儒、道兩家思想，以道解儒

竹林時期	竹林時期是魏晉政權交替之際，取名自竹林七賢
代表人物	阮籍和嵇康
理論依據	多以《莊子》為依據
特色	向道家思想偏移，隱逸、放達

西晉時期	包含元康和永嘉兩個時期
代表人物	向秀和郭象
理論依據	《莊子》
特色	思想上沒有嵇康等人激進

東晉時期	又稱佛學時期
代表人物	慧遠和道安等名僧
特色	將玄理融入佛學，以道家來接引佛家

2 才能和德性哪個重要？
基於審美原則的才性論

魏晉時期的「才性」，源於漢代的「以氣解性」，其中王充對「性命」的解說比較詳細。才性之辨最早見於王充，他說：「操行清濁，性也。」（《論衡‧骨相》）又說：「夫臨事知（智）愚，操行清濁，性與才也。」（《論衡‧命祿》）由此可見，才與性之別也就是智和德之分。

才性是指人自然生命所顯現出來的特質，主要跟才能和德性有關。雖然這裏才性也涉及道德，但不同於先秦儒家所講的道德，因為才性是既定的，而先秦儒家則認為人可通過努力，改善自己的行為，精進道德修養。某種意義上，才性論也是一種人性論，但不同於先秦對人性的討論；前者重視的是對人的品鑑欣賞，後者則強調對人的培養改造。正如牟宗三所說，先秦人性論的基本原則是道德，而魏晉人性論的基本原則是審美。

重視對人自然性情的品鑑欣賞，一方面是受到陰陽五行思想的影響，因為人的自然性情也是用陰陽五行的變化來解釋的；另一方面則源於實用的需要，因為選拔人才必須有某些依據。才性論雖然涉及評價人才的問題，但討論往往涉及很多玄妙的觀點，不是一般的品評人物，所以才性論也被歸入玄學。品評人物除了有實用價值外，也具審美的涵義，這跟道家思想也有密切關係，後面會再說明。

■ 劉劭的《人物志》：如何系統品鑑人物的才性？

曹魏政權成立之後，為了選拔人才，曹操多次下達求賢令，重才不重德，只要有才能，就予以任用。這是因為漢代的察舉制已被高門士族操控，失去了原有選拔人才的功能。

但曹操的做法威脅到高門望族的既得利益，後來曹丕即位，為了緩和中央政府和門閥士族的衝突，採納了尚書陳群的建議，實行九品中正制，用以選拔人才。

九品中正制：高門士族壟斷官職的工具

先由地方的中正官察訪本州、郡、縣散處在各地的士人，評為九品，再由中央吏部尚書根據中正官的評級，授予官職。

在德才與門第中，定品時一般依據後者。

評價：和曹操「唯才是舉」的思想南轅北轍。九品中正制設立的目的之一，是緩和曹氏政權與世家大族的衝突，為曹丕稱帝清除障礙，但亦加強了士族對官職的壟斷，情況比漢末更差。

我只有一樣能力比你強：會投胎！

投胎小能手

門第

上品無寒門，下品無士族！

上上
上中
上下
中上
中中
中下
下上
下中
下下

九品

我德行高尚，才幹超群，但這麼一量，最多只夠「下上」了。

意義：中國封建社會三大選官制度之一，兩漢察舉制度的延續和發展。

在這種時代背景下，劉劭（182－285）的《人物志》應運而生，這是一本有系統探討識別人才的作品，鑑別人物已由具體的品評發展出抽象的理論。

《人物志》共十二篇，〈流業〉篇主要說明的正是甚麼人適合做甚麼官，劉劭以「德」「法」「術」為標準，將政治人才分成十二種，稱為「十二流業」（清節家、法家、術家、國體、器能、臧否、伎倆、智意、文章、儒學、口辯、雄傑），將重德的清節家排在首位，可見他對德性也相當重視。

劉劭說：「凡有血氣者，莫不含元一以為質，稟陰陽以立性，體五行而著形。苟有形質，猶可即而求之。」（《人物志・九徵》）

很明顯，這是受陰陽五行的氣化宇宙論所影響而產生的人性論，元一、陰陽和五行都是「氣」，形成了人的自然性質，人所稟承氣的份量及陰陽五行之組合各有不同，於是就產生了人的差別性。

五行乃金、木、水、火、土，此五行形成了人體的筋、骨、血、氣、肌；材質良好的話則會產生五質（勇敢、弘毅、通微、文理、貞固），不好的話就是五質有所偏，五質對應五常或五德，即義、仁、智、禮、信。

五質和五常屬於內在，對外則形成了人的儀容、舉止和談吐。換言之，可由觀察一個人的外表，來了解他的才性。

《人物志》的〈九徵〉篇主旨是從九個方面來徵知人的品質，「九徵」就是神（神態）、精（目光）、筋（筋腱）、骨（骨相）、氣（氣息）、色（臉色）、儀（儀表）、容（表情）、言（語氣）。對應的品質分別是平陂（平正與邪歪）、明暗（明慧與愚蠢）、勇怯、強弱（剛強與軟弱）、躁靜、慘懌（悲傷與喜悅）、衰正（衰怠與端正）、態度、緩急。

劉劭據此將人分成五等，分別是聖人、大雅、小雅、亂德、無恆。如果九徵都良好，就是聖人之資。劉劭說：「凡人之質量，中和最貴矣。」（《人物志・九徵》）中和是指五行得到發揮和平衡，這是聖人之資，即具有五質和五

常，但此處的中庸並非《中庸》所講之義。

五行、五質與五常

五行	五物之象	五質		五常
金	筋：筋勁而精	勇敢 （不畏艱難，性格果決）		義
木	骨：骨植而柔	弘毅 （抱負遠大，意志堅強）		仁
水	血：色平而暢	通微 （通曉事物，洞察細微）		智
火	氣：氣清而朗	文理 （行止合宜，有條不紊）		禮
土	肌：體端而實	貞固 （守持信諾，堅定不移）		信

在五個級別中，只有前三者是人才，稱為「三度」，除聖人外，其餘皆有所偏。大雅是指五行中只有其一得到充分發揮，換言之，五常中只有一德。而小雅是指五行中某些成分得以顯現，但未能充分發揮，九徵中只得其一，屬於偏材。亂德是表面上有偏材之質，但實際上卻沒有。至於無恆，則是指五行中的品質並不固定，一時被某一成分支配，一時又被另一成分支配。

《人物志》中的〈英雄〉篇是專論英雄的，劉劭説：「聰明秀出者謂之英，膽力過人謂之雄」，張良是「英」的典範，韓信是「雄」的典範，至於劉邦，則是兩者兼之。從才性的角度看，英雄出於先天稟賦，難以作後天的培養。

既然人的才性是先天決定的，那後天的學習又有甚麼意義呢？劉劭説：「夫學，所以成材也。恕，所以推情也。偏材之性不可移轉矣。雖教之以學，材成而隨之以失也。雖訓之以恕，推情而各從其心。」（《人物志‧體別》）可見，學習和教育只可以使人盡量發揮其既定的材質，而不能改變其材質。換言之，聖人之才也是既定的，但此説跟正統儒家講的道德自主性有衝突。

劉劭對人物品質的評級

五等		三度（只有三度才是人才）
中庸	聖人	九徵皆至
德行 （總體上各種品德都具備，但發展程度還不夠）	大雅	兼材之人
偏材	小雅	偏至之才
依似（似是而非）	亂德	
間雜 （某些方面有才，某些方面無德）	無恆 （無恆常品德）	

鍾會的《四本論》：對才性之爭的總結

自劉劭在《人物志》中對人的才性作出分析之後，引發了才性之爭，產生了四種不同的主張，那就是才性同、才性異、才性合、才性離，而鍾會（225—264）的《四本論》則是對這些爭論作出的總結。

不過，《四本論》並沒有流傳下來，從現有的資料看，我們只能對這四種才性主張得一概括的印象。

正如前面所言，「才」是才能，但細分之下，「性」則有兩義，一是道德品質，另一是天賦資質，才性之爭常將兩義混淆。

「才性同」中的「性」應指人的道德品質，「同」並非是才和性兩者相同，而是指同時存在，有德者必有才，有才者必有德。跟「才性同」相反的主張是「才性異」，有才者不必有德，有德者不必有才，曹操可以說是才性異主張的支持者，他多次下達的「求賢令」，所求的就是有才之士，不需要有德。

從思考方法的角度看，才性同和才性異之爭其實是混淆了事實和價值，才能和道德是否並存是一個事實問題，但用人應否兼顧才能和道德則是一個價值問題。

「才性合」中的「性」應是指天賦資質，而「才」則是天賦資質的顯現；換言之，「才」是「性」的表現，故兩者相合。「才性離」與「才性合」相反，認為天賦資質必須經過後天培養，才能方得以展現，故天賦與才能兩者可以相離。

「才性離」和「才性合」之爭忽略了「才」是甚麼才能，及天賦存在程度上的差異。因為有些才能幾乎是天生的，例如音樂才能，據說莫扎特四歲就懂得作曲。

才性之爭不是純粹的學術討論或基於實用的需要，它跟當時的政治鬥

爭也有密切關係。以曹爽為中心的政治集團,有名士何晏、夏侯玄、嵇康等人,他們跟曹魏宗室都有親戚關係,是才性異和才性離的主張者;而提倡儒學的司馬氏政治集團,則有傅嘏、鍾會等名士,主張才性同和才性合。夏侯玄就批評傅嘏有德但沒才能,而傅嘏則反駁有德者必有才。曹魏集團和司馬氏集團之所以分別支持才性的異離和同異,跟他們的出身也有很大的關係。東漢末期的統治階級可分為兩類人,一類是內廷的宦官,另一類是外廷的士大夫。曹操出身宦官之家,父親是太監曹騰的養子,故曹魏的勢力屬於內廷,出身較為寒微,所以重才多於名教;司馬氏則屬士大夫階層,出身名門,「通經致仕」較符合他們的利益,所以比較重視名教。

才性之爭究竟爭些甚麼?

才性同　「才」(才能)與「性」(道德品質)同時存在

相反

才性異　「才」(才能)與「性」(道德品質)不必同時存在

才性合　「才」(才能)是「性」(天賦)的表現

相反

才性離　「性」(天賦)必須經過後天培養,所以與「才」(才能)可以分離

才

性

才能

道德品質 / 天賦資質

3 | 萬物究竟是怎樣產生的？
本體論：哲學家的人生觀

前面說過，玄學可分為兩組問題，一組是才性，另一組是玄理。玄理論中最重要的是本體論問題，本體之爭也可以稱為本末有無之辨，由於它比較重要和基本，所以獨立為一節來討論。

玄學理論與本體論

本體論屬於形上學，探討萬物的根源，並對萬物存有提出一個整體的看法，即世界觀，哲學家的本體論與其人性論又往往有密切的關係，世界觀加上人性論，就會產生出哲學家獨特的人生觀。

王弼的貴無論：萬物生於「無」，「無」比「有」重要

貴無論也是正始時期的主要思想，其代表人物是王弼和何晏。王弼和何晏的思想基本上是一致的，都是主張「道」就是「無」。正如何晏所說：「有之為有，持無以生。事而為事，由無而成。」（《道論》）由於王弼的思想影響力較大，也比何晏有系統，所以，以下只論述王弼的學說。

王弼雖然只活了二十四歲，但已經是著作等身，有《老子注》《周易注》《周易略例》《論語釋疑》及《老子微旨略例》。

老子說：「萬物生於有，有生於無。」（《老子・第四十章》）又說：「道生一，一生二，二生三，三生萬物。」（《老子・第四十二章》）

由此可見，道就是無，一就是有。王弼用「無」來解釋「道」，符合老子的原意。他說：「天下之物，皆以有為生，有之所始，以無為本。」（《老子注・第四十章》）又說：「道者，無之稱也，無不通也，無不由也。況之曰道，寂然無體，不可為象。」（《論語釋疑・述而注》）萬物有形有名，都是有所限制的；但作為萬物根源的「道」，則是無形無名，無所限制，以「無」來說「道」就最貼切不過。

王弼這句話是用來解釋孔子的「志於道」，但這個「道」明顯是老子講的「道」，可見其以道解儒的色彩。

貴無論旨在調和儒道，會通孔老。但如何會通呢？

王弼說：「聖人體無，無又不可以訓，故言必及有，老、莊未免於有，恆訓其所不足。」（《世說新語・文學第四》）自漢武帝獨尊儒學之後，孔子的聖人地位已不可動搖，王弼認為，孔子已體會「無」，故不用多說；而老子說「無」，是因為發現了「無」，但尚在修行的階段，故還是「有」。

孔子體「無」而說「有」，老子則在「有」的階段而說「無」，表明孔子

比老子優勝，表面上是貶老揚孔，實質是抬高道家的地位。因為「無」是道家的最高境界，說孔子體會「無」，就是藉孔子聖人的地位來抬高道家地位。

王弼以無為本，以有為末；本末也是體用的關係，要通過用才能掌握體，兩者不相離。王弼所講的「有」，也包括一切典章制度，於是他進一步提出「名教」出於「自然」的主張，名教即是儒家的禮法，是「有」，也是出於「無」，無有是本末的關係，也是依存的關係，所以名教與自然兩者並無衝突。有關自然名教之辨會在下一節討論。

雖然說是體用不離，但王弼還是強調「無」比「有」重要，主張崇本息末，但是由此也造成了貴無論的弊端，即釀成後來消極的社會風氣。

貴無論的核心及其弊端

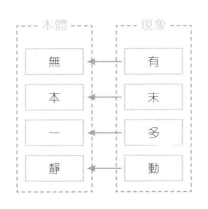
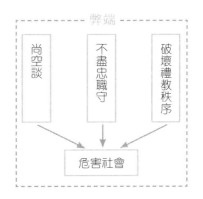

貴無論認為，大千世界的萬物不同只是表面的現象，這些現象的根源就是無，即「道」。用西方哲學術語講，「道」就是本體。本體與現象的關係是本與末的關係，也是一與多、靜與動的關係，一能統多，靜能制動。

◎ 阮籍和嵇康的自然論：萬物是自然而生的

阮籍（210—263）和嵇康（223—262）是竹林時期的代表人物，他們有關本體的理論是以《莊子》為依據的。如果說王弼和何晏是想擺脫漢代陰陽五行生成論影響的話，那麼阮籍和嵇康的思想則可以說是對陰陽五行生成論的繼承。不過，這種強調由氣生萬物的主張並非唯物論，無以名之，姑且稱之為自然論。

阮籍是竹林七賢的老大，早期認同儒家的禮教思想，跟王弼和何晏一樣，主張會通儒、道兩家，以老子的道來解釋儒家，這方面的著作有《樂論》和《易通論》；但後期則極力批評禮教的禍害，著作有《大人先生傳》《通老論》和《達莊論》。

阮籍反對王弼和何晏「有生於無」的貴無論，他認為萬物是自然而生，並不存在一抽象的「道」或「無」為根源。他說：「天地生於自然，萬物生於天地。自然者無外，故天地名焉；天地者有內，故萬物生焉。」（《阮籍集·達莊論》）那麼，道又是甚麼呢？阮籍說：「道者，法自然而為化。」（《阮籍集·通老論》）自然是統攝萬物的原理，它本身就是道，萬物自然發展，就是順應道，這種萬物一體的說法的確是源於莊子。

阮籍還認為，爭名逐利會令人喪失自然本性，以致道德敗壞和是非混亂，名教禮法變成了統治的工具，產生種種束縛和不平等。

嵇康認為萬物都是由元氣的運行而生，他說：「元氣陶鑠，眾生稟焉。」（《嵇中散集·明膽論》）但元氣背後並沒有所謂抽象的「道」或「無」作為形上的根據。形與神是相依的關係，並不是相生的關係。嵇康說：「形恃神以立，神須形以存。」（《養生論》）

嵇康的自然論所導出的人生觀是追求自然生命的和諧，即身心的調和，

跟阮籍自然論所衍生的享樂主義不同。嵇康認為人的自然生命本是長壽的，人的本性也容易滿足；但由於內在的情慾和外物的刺激，自然生命受到摧殘，加上智巧（源於物誘）的運用，更加永無止境地傷害身體。要全性保真，就要做到節情、除物和排智。

竹林七賢的人生態度和政治立場

人生態度：屬養生派，養其自然及精神的生命。

政治立場：反對司馬氏政權，主張儒道離，越名教而任自然。結局：被司馬昭所殺。

人生態度：屬逍遙派，追求齊物自適的境界。

政治立場：轉投司馬氏政權，主張儒道合。

人生態度：屬寡慾派，深諳老子守柔、不爭的處世之道，比嵇康和阮籍圓融。

政治立場：轉投司馬氏政權，主張儒道合。

人生態度：屬縱慾派，偏重感官物質的快樂。

政治立場：屬中間派，但內心又不滿司馬氏以名教為統治手段的虛偽政權，以縱慾和不守禮作消極的抵抗。

人生態度：屬縱慾派，偏重感官物質的快樂。

政治立場：屬中間派，但內心又不滿司馬氏以名教為統治手段的虛偽政權，以縱慾和不守禮作消極的抵抗。

人生態度：屬縱慾派，偏重感官物質的快樂。

政治立場：屬中間派，但內心又不滿司馬氏以名教為統治手段的虛偽政權，以縱慾和不守禮作消極的抵抗。

人生態度：行為兩極化，有時狂飲如阮籍，有時節制如山濤；有時吝嗇，有時慷慨。

政治立場：轉投司馬氏政權，主張儒道合。

▓ 裴頠的崇有論：萬物來自「有」

由於玄學的影響，特別是竹林七賢中某些人言行的帶動，魏晉時期出現了知識分子崇尚空談、不守禮法、社會風氣敗壞的傾向，隨之而來的是與之抗衡的思想出現，代表人物是裴頠（267—300）。裴頠著有《崇有論》，顧名思義，就是崇有貶無，反對王弼等人的貴無思想。裴頠認為，老子學說的重點不在「本無」，這不過是說辭，老子真正要講的其實是做人的道理，如少私寡慾、心境平靜、不為物累等，目的是提升人的道德修養。

裴頠指出，貴無思想引發了很多弊端，「遂薄綜世之務，賤功烈之用，高浮游之業，卑經實之賢。……是以立言藉於虛無，謂之玄妙；處官不親所司，謂之雅遠；奉身散其廉操，謂之曠達」。（《崇有論》）薄世務、賤功用、卑賢人、不守廉操等都是貴無賤有所致。

裴頠反對有生於無的主張，他說：「夫至無者，無以能生；故始生者，自生也。自生而必體有，則有遺而生虧矣。生以有為己分，則虛無是有之所謂遺者也。」（《崇有論》）萬物來自「有」，「無」只不過是生之所遺或虧損，不可能是生之本。萬物以「有」為根源，也有各自的差異，但亦存在一定的法則，裴頠稱為「理跡」，他說：「夫總混群本，宗極之道也。方以族異，庶類之品也。形象著分，有生之體也。化感錯綜，理跡之原也。」（《崇有論》）萬物的存在也是互相依存的，每個事物都不可以獨立存在，必須依賴別的事物作為存在的條件，裴頠稱這些條件為「資」。條件適合某事物，對這個事物而言，就是「宜」，而事物選擇其適合存在的條件，就是「情」。他說：「有之所須，所謂資也。資有攸合，所謂宜也。擇乎厥宜，所謂情也。」（《崇有論》）禮制正是滿足人的需要、維持人倫的秩序。

王弼的貴無論衍生了「貴無賤有」的流弊，這種思想容易導致虛無的生

活態度，這種思潮和風氣並不利於當時統治階級的政權穩定。裴頠的崇有論特別針對貴無論，核心是強調「有」，就是要喚起人對社會的責任，提倡積極的生活態度，恢復禮制秩序，以儒代道。

貴無 VS 崇有

本體　無

萬物　萬物不能自生自存，必以無為本

禮制　禮制也是生於無，是末

本體　有

萬物　萬物自生，以其他事物為存在條件，互相依靠，
　　　形成變化的規律

禮制　禮制是維持社會的規律，是理

● 郭象的獨化論：萬物獨化，造物主是不存在的

　　獨化論的代表人物是向秀（227—277）和郭象（252—312）。向秀雖然是竹林七賢之一，但他的思想並不像阮籍和嵇康那麼激進，他認為曠達派對莊子的解讀有誤，他作的《莊子注》就是為了矯正它；郭象也著有《莊子注》，據說是依據向秀的版本修訂而成。

　　向秀和郭象主張「無無」。郭象說：「無既無矣，則不能生有；有之未生，又不能為生。」（《莊子注・齊物論》）表面上是反對王弼的「有生於無」，但實際上跟王弼一樣講儒道相合。所以，雖然向秀和郭象重視「有」，但跟裴頠的儒道相離、以儒代道的立場不合。

　　向秀和郭象認為萬物不是生於「無」，萬物是自生的，但這種「自生」又不同於阮籍所講的「自然而生」，這是一種神秘而不可捉摸的「獨化」過程。郭象說：「故造物者無主，而物各自造。」（《莊子注・齊物論》）又說：「凡得之者，外不資於道，內不由於己，掘然（特起貌；掘，通「崛」）自得而獨化也。」（《莊子注・大宗師》）郭象認為並沒有造物主創造或主宰萬物，萬物彼此也不相干涉，這又不同於裴頠的萬物生成論。萬物各有自身的發展歷程，卻又不是自身所能控制的。

　　郭象說：「性各有分，故知者守知以待終，愚者抱愚以至死，豈有能中易其性者也。」（《莊子注・齊物論》）萬物各有其本性，依其本性而為就是「無為」，合乎「道」。萬物雖然各自獨化，但作為整體觀之，卻又是混沌不分的，玄冥就是指這種混沌的狀態。如果人能達到這種玄冥的境界，就能超脫生死、是非、利害和善惡的羈絆。

　　郭象指出，聖人忙於政事，看似有為，其實無為，因為他順其自然之性的表現，內心逍遙自得。他說：「夫聖人雖在廟堂之上，然其心無異於山林之

中，世豈識之哉？」(《莊子注‧逍遙遊》)

　　值得一提的是，郭象所講的「逍遙」之意跟莊子略有不同。在〈逍遙遊〉篇中，莊子以大鵬和小鳥的故事，寓意大知與小知的分別，大鵬代表理想的生命，而小鳥代表一般人的生命，小鳥取笑大鵬就是不知逍遙的真意。然而，郭象卻認為，大鵬和小鳥可各得逍遙，只要順其各自的本性即可，因為萬物皆自化而生，並無貴賤高下之分，大鵬和小鳥在能力上雖有差異，但在境界上皆可逍遙。郭象基於其獨化論，對「逍遙」提出了有異於莊子的解釋。

儒與道的四種關係

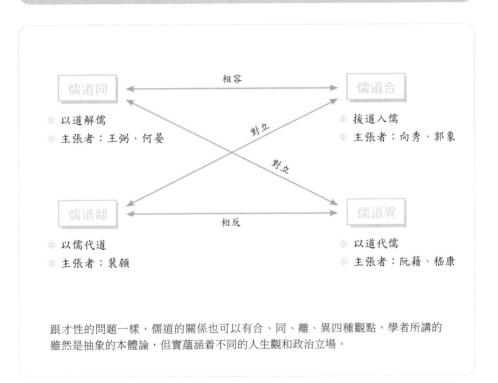

跟才性的問題一樣，儒道的關係也可以有合、同、離、異四種觀點。學者所講的雖然是抽象的本體論，但實蘊涵着不同的人生觀和政治立場。

4 名理之辨

「名理」有着不同的意義或解釋，在這裏筆者只提出個人的觀點。

「名」可以指先秦名家的論辯之學，但由於當時的邏輯學和思方學尚未發展，故名家所說多為詭辯，未能真正做到今日所講的「概念分析」。「理」可以解為道理，所謂名理之辨就可以解為通過分析概念進行論辯，找出道理所在。因此，名理之辨也包括本章第二節所講的才性之爭，及第三節有關本體的爭論（本末有無之辨）。由於這兩者比較重要，所以獨立處理，至於其他的名理之辨，以下會加以討論。

■ 自然名教之辨：人的本性 PK 外在禮儀規範

所謂「自然」，是指人的內在本性，而「名教」則是外在的禮儀規範，代表「自然」的是道家，代表「名教」的當然就是儒家。

何為名教？

名教就是「以名為教」，用名號訂立不同身份地位之人的責任，並以此為教，使各人遵從。「正名」的主張雖來自孔子，但正式提倡「以名為教」的則是董仲舒，然而董仲舒所講的「三綱五常」將本來是雙向的義務變成了單向的義務，只強調臣對君、子對父、婦對夫的絕對服從。到了東漢的漢光武帝，更將「三綱六紀」寫進了法典。

自然名教之辨也就跟儒道兩家之爭有關，也與第三節所講的本體爭論有密切關係。正如前面所言，那四種本體論分別蘊涵四種不同的立場：儒道同、儒道異、儒道合及儒道離。

王弼和何晏主張儒道同，用道家解釋儒家。王弼認為孔子體「無」而用「有」，無是本，有是末，所以主張「名教出於自然」，名教、自然兩者並無衝突，旨在調和儒道兩家。聖人訂出名教的禮法規範，就是為了教化，令人民有所依從。王弼說：「夫眾不能治眾，治眾者，至寡者也。」（《周易略例·明象》）要維持社會秩序，必須由少數精英管理人民，名教正是管治的工具。

阮籍和嵇康主張儒道異，認為自然與名教在本質上有衝突，因為名教會損害人的自然本性。嵇康主張「越名教而任自然」，更公然否定六經的地位：「六經以抑引為主，人性以從慾為歡。抑引則違其願，從慾則得自然。然則自然之得不由抑引之六經，全性之本不須犯情之禮律。」（《難自然好學論》）他主張以道代儒，認為只有完全去掉禮法，才能恢復人的自然本性。

向秀和郭象主張儒道合，郭象認為，「自然」就是指事物的本性，他說：「凡所謂天，皆明不為而自然。言自然則自然矣，人安能故有此自然哉？自然耳，故曰性。」（《莊子注·逍遙遊》）所以主張萬物要「各安其性」。在郭象眼中，人有不同的身份和社會地位，據此而遵守名教規範，也是順其本性。因此，自然和名教並無衝突，儒道相合，萬物自生，名教既是存在，也屬自然，所以主張「名教即自然」。

「名教出於自然」「越名教而任自然」「名教即自然」這三種觀點在某種意義下，並非真的對立或矛盾，因為三者所講的「自然」並非同一個意思。在「名教出於自然」的主張中，「自然」是指「道」，乃萬物的根源；而在「越名教而任自然」的主張中，「自然」是指「人的本性」；至於在「名教即自然」的主張中，「自然」則是指「萬物的本性」。但「本性」一詞也是有歧義的，

嵇康所講的「本性」是指人的自然之性，而郭象所講的「本性」則包括人的社會屬性和階級屬性，所以嵇康說名教有違人的「本性」，跟郭象說名教是順應人的「本性」，兩種說法並非真正對立。

當然，這三種觀點代表了三種對待「名教」的不同態度，其中「名教出於自然」跟「名教即自然」相容，而兩者則跟「越名教而任自然」對立。名教泛指儒家所講的禮法規範，社會要有秩序，就必須有規範，這是毋庸置疑的；但問題是，這些規範可能會束縛人性，過分標榜名教亦會導致虛偽的問題，而且這些規範又往往維持着社會的等級，造成壓制及不平等，因此，名教變成了統治的工具，維護當權者的既得利益。例如曹操一方面講重才不重德，另一方面卻以「不孝」之名殺了孔融。

筆者認為，裴頠的儒道離也可導出另一種名教與自然關係的主張，裴頠的立場是以儒代道，因為儒家能提升人的積極性，正好對治「貴無」所產生的虛無態度，換上名教與自然的字眼，那就是「棄自然而用名教」。

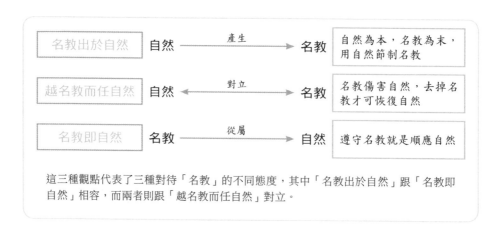

關於自然與名教的三種觀點

名教出於自然	自然 —— 產生 →　名教	自然為本，名教為末，用自然節制名教
越名教而任自然	自然 ←— 對立 →　名教	名教傷害自然，去掉名教才可恢復自然
名教即自然	名教 —— 從屬 →　自然	遵守名教就是順應自然

這三種觀點代表了三種對待「名教」的不同態度，其中「名教出於自然」跟「名教即自然」相容，而兩者則跟「越名教而任自然」對立。

聖人有情無情之辨：聖人究竟有無情感？

聖人有情無情之辨主要涉及王弼和何晏之間的爭論，聖人是道德完美的典範，例如孔子，但究竟聖人有沒有情感呢？

何晏認為，聖人既然是得道之人，自然超脫了情感的羈絆，不會對外物產生情感反應，故說聖人無情。這種說法得到鍾會的附和。

王弼不同意聖人無情的說法，他認為，聖人雖然有不同於常人的地方，但在情感上跟常人沒有分別，只是聖人能做到應物而不傷，不為物累。

王弼以孔子為例，說顏回死時，孔子也十分哀痛，這是人之常情，但孔子能「以情從理」，那就不會出現甚麼問題。王弼有「性其情」的說法，認為「情」是出於人的自然生命：「夫喜、懼、哀、樂，民之自然。」(《論語釋疑》)「性」則是本體義：「不違自然，乃得其性。」(《老子注‧第二十五章》)所以，性是人人相同的，而情則有個體生命的差異，所謂「性其情」就是順性端情，以靜制動，以一統多。雖然聖人也有情感，但其精神境界卻是平靜的，所以能夠以性統情，不會產生偏差。

對於聖人有情無情之辨，筆者認為王弼的說法比何晏優勝：

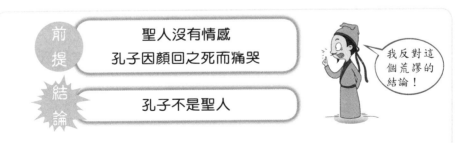

前提　聖人沒有情感
　　　孔子因顏回之死而痛哭

結論　孔子不是聖人

我反對這個荒謬的結論！

王弼能夠提出例證來支持聖人也有情感，又能解釋為甚麼聖人有情又不為情所累。如果何晏要反駁的話，唯有堅持孔子不是聖人，但這種反駁無疑排斥了所有不利的證據，使「聖人無情」這個命題變成了必然為真但缺乏經驗內容的空廢命題。

聲無哀樂之辨：音樂對應着人的喜怒哀樂嗎？

聲無哀樂之辨來自嵇康的〈聲無哀樂論〉，該文採用辯難的方式，以主客二人的八個問答所組成，由秦客提問，東野主人作答，嵇康正是藉東野主人之口表達出「聲無哀樂」的論點。

嵇康本身精通音律，他認為五音、五色乃至天地萬物都是由五行演變而成，本身有客觀的規律，音樂要講求和諧，只有好聽與不好聽的區別，不受制於人的主觀情感，跟人的哀樂之情也沒有對應的關係，即「音聲有自然之和，而無繫於人情」。至於說不同樂器或樂曲對人的影響，也不過是躁靜之別，而不是哀樂之別。例如琴瑟的音色廣而柔，用以彈奏節奏緩慢的樂曲，聽者必須靜心聆聽，才能感受柔和之美，產生悠閒寧靜的感覺；相反，琵琶音色尖銳，用以彈奏節奏急促的樂曲，就會給人激動、興奮的感覺。因此，嵇康說：「聲音之體，盡於舒疾。情之應聲，亦止於躁靜耳。」

文中的秦客代表了儒家對音樂的看法，儒家認為，音樂具有移風易俗的教化功能，而敗壞社會風氣的就是不好的音樂，所以孔子將當時鄭國的音樂評為「奸聲」。嵇康卻認為，就音樂本身而言，鄭樂是好的，但對自制力薄弱的人來說，則易沉溺其中，令生活失序，所以問題在於人本身，而不是音樂。他說：「若夫鄭聲，是音聲之至妙。妙音感人，猶美色惑志，耽槃荒酒，易以喪業。自非至人，孰能禦之？」

用現代的話講，聲無哀樂之辨可以解釋為音樂是否有表情性質。筆者部分同意嵇康的看法，音樂有其客觀的規律，也有好聽與不好聽之分，但若說音樂不能表現情感則不合乎事實。當然，不是所有音樂都表現情感，而所謂表現情感也不表示一定會引起聽眾的情感反應。我們說一首音樂是悲傷的，是指它所對應的是一個悲傷者的外部行為，例如節奏緩慢、聲音低沉等。

〈聲無哀樂論〉的八個辯難

第一難　傳統認為聲有哀樂，為甚麼你卻認為沒有呢？

答　五音由五行而生，是客觀的存在，有其自身的規律，人的喜怒哀樂都不能改變它。

第二難　不同地方的人都以音樂來表達內在的情感，那不表示音樂與情感有着對應的關係嗎？

答　內心悲哀的人可以在行為上表現得快樂，所以彈奏音樂跟個人的內心也不一定存在對應的關係。

第三難　觀察一個人的氣色可以知道他的內心感受，聲音也是內心感應外物刺激所產生的反應，為甚麼從聲音不可知道人的內心情感呢？

其實那是我自問自答，自彈自唱啦！

嵇康

秦客

東野主人

答　一個人的氣色跟內心情感其實也沒有對應關係，吃辛辣的食物也會流淚，但並不表示內心悲痛。

第四難　善聽者可以通過聲音來辨別人的內心情感，難道不可信嗎？

答　這些事有些可信，有些不可信。但善聽者也要根據其他因素才可得知人的情感，不能單靠聲音。

第五難　同一種樂器，演奏不同的樂曲就會有不同的情感反應，這不是表示音樂與情感有因果關係嗎？

答　每個人對樂曲的反應都是根據原先懷有的情感，音樂的效果只止於躁靜，哀樂不過是原先個人的情感傾向

第六難　聽同一種音樂，有些人悲，有些人喜，但不表示音樂沒有哀樂，只是音樂的影響有快慢上的不同。

答　人的哀樂可以由不同的東西所引發，這正表示情感不一定由音樂所影響。

第七難　哀樂不會同時出現，聽齊楚之音的人只有悲哀而沒有歡樂。

答　悲哀可以來自不同的原因。

第八難　孔子說：「移風易俗，莫善於樂」，如果音樂沒有哀樂，又怎可以有教化的作用呢？

答　移風易俗是因，音樂教化才是果。社會有了秩序，氣氛平和，才會出現和諧的音樂。

● 言意之辨：圖象、語言和意義的關係是怎樣的？

個人認為，言意之辨是整個玄學最具哲學性的論題。言意之辨源於《周易》這句話：「聖人立象以盡意，設卦以盡情偽，繫辭焉以盡其言。」(《周易·繫辭上》)《周易》原是一占卜之書，象是指卦象，言是指卦辭或爻辭；通過卦象、卦辭及爻辭，我們就可以解釋所占之卦的意義。引申出來，象可以泛指圖象，言是語言，意就是圖象或語言所表達的意義。究竟圖象、語言和意義三者有甚麼關係呢？

言意之辨中有三種立場，第一種叫作「言不盡意」，代表人物是荀粲（203—231）。荀粲是漢易學大師荀爽的姪孫，崇尚道家，並力圖擺脫漢代章句訓詁之學。他認為，「道」是超越語言所能表達的，這就是所謂「象外之意」和「繫表之言」：「蓋理之微者，非物象之所舉也。今稱立象以盡意，此非通於意外者也。繫辭焉以盡言，此非言乎繫表者也。斯則象外之意，繫表之言，固蘊而不出矣。」(《魏志·荀彧傳》注引何劭〈荀粲傳〉)

從荀子到荀粲

荀子	先祖	主張禮法並用	先秦
荀悅	第十三代孫	批評神仙和迷信之説	東漢
荀粲	第十四代孫	崇尚道家，反對禮教	魏晉

第二種立場叫作「意不盡而盡」，代表人物是王弼，他認為言可以明象，象則可達意。他說：「夫象者，出意者也；言者，明象者也。盡意莫若象，盡象莫若言。」（《周易略例‧明象》）王弼進一步引用莊子的筌蹄（筌，捕魚竹器；蹄，捕兔網；筌蹄比喻達到目的的手段或工具）之喻，主張「得意忘象，得象忘言」。他說：「故言者所以明象，得象而忘言；象者所以存意，得意而忘象。猶蹄者所以在兔，得兔而忘蹄；筌者所以在魚，得魚而忘筌也。」（《周易略例‧明象》）王弼之所以主張忘言和忘象，並不是要否定語言的功能，而是針對漢儒那種繁瑣的章句之學，叫人不要執著於言和象，對於解放漢易的象數傳統，及打破漢代經學的主導地位，實有很重要的意義。

第三種立場叫作「言盡意」，代表人物是西晉的歐陽建。他說：「非物有自然之名，理有必定之稱也。欲辯其實，則殊其名；欲宣其志，則立其稱。名逐物而遷，言因理而變，此猶聲發響應，形存影附，不得相與為二矣。苟其不二，則言無不盡矣。吾故以為盡矣。」（《言盡意論》）歐陽建認為，語言文字是我們用來指稱事物和表達道理的，它們就好像物體（形）和身影（影）一樣，所以言能盡意；但語言文字也有隨事物和道理的更改而轉變的一面。歐陽建的主張正反映了我們的常識，即事物是客觀存在的，語言文字不過是表達的工具。

筆者認為言意之辨的三種立場適用於不同的層次。如果我們談論的是經驗的對象，則言盡意論較為恰當；若涉及人的複雜思想，則言未必可以盡意；如果我們談論的是一些超越經驗的事物，例如「道」、「無」等形上的道理，則言不盡意論較為恰當，因為這些道理要靠體驗和實踐，不是語言文字可充分表達的。至於王弼的意不盡而盡論，則十分適用於解釋詩詞和繪畫等藝術作品，因為它們都以「象」作為表達意義的媒介，如詩詞正是通過文字來營造意象。

　　事實上，言意之辨對詩詞理論及創作產生了很重要的影響，所謂言盡而意不盡，使詩人盡量發揮語言的暗示性及啟發性，用有限的字句表達出無窮的意涵。東晉陶淵明的詩「山氣日夕佳，飛鳥相與還。此中有真意，欲辨已忘言」，不就是「得意忘言」的最佳注腳嗎？

言意之辨如何應用在實際生活中？

　　　　　　這是凳子。

言盡意　　日常事物

……

您能告訴我怎樣才達到了開悟的境界嗎？

言不盡意　　形上事物

好詩！好詩！讀來字字珠璣，言有盡而意無窮啊！

言盡意不盡　　藝術作品

5 玄學的價值與影響

　　魏晉二百多年，只有西晉得到短暫的統一，所以基本上是一個分裂的時代；然而魏晉在學術上卻是一個融合時期，魏初是儒道兩家的調和，東晉則是以道家來迎接佛家。魏晉也是一個很獨特的年代，雖然政治黑暗，但卻實現了思想和人性的大解放，這個時期不但誕生了很多才華橫溢之士，孕育出中華文化獨有的藝術精神，也產生了很多重要的藝術理論作品。

學術上的影響：解放學術思想＋接引佛學

　　稱魏晉玄學為「新道家」並沒有錯，因為它發揮了先秦道家的玄理，但另一方面又重現了名家的論辯精神，兩者更巧妙地合二為一，須知老子和莊子都是反對論辯的，老子有「大辯若訥」之說，莊子更有「大辯不言」和「薄辯義」的主張，完全否定論辯的價值。其實論辯可以深化形上學的討論，引發新的見解，例如郭象對「逍遙」的解釋就不同於莊子。另外，在會通孔老、調和儒道兩家方面，論辯也有其價值。

　　魏晉玄學將學術思想從繁瑣荒誕的漢代經學中解放出來，王弼注《周易》、何晏注《論語》，不但從道家角度解釋儒家，帶來新的衝擊，而且能用簡潔的文句解釋義理，一洗經學的繁瑣之風，對後來的經學發展有良好影響。

　　清談不但重視論辯精神，在辨識名理的同時，也質疑史料的真偽和可信性，由此推動史學成為一門獨立的學科，東晉南朝四學之中就有玄學和史學。

　　東晉時期玄學雖然沒有甚麼發展，但在接引佛學方面卻扮演着重要的角色，使佛學可以在中國文化的土壤中生根。魏晉時的佛學主要是以道家的「無」來解釋佛家的「空」，佛學史上，稱為格義時期。

　　當時主要有三大派，就是本無宗、心無宗和即色宗。本無宗的代表人物是道安，理論接近王弼的貴無論，主張崇本息末。心無宗以道恆和竺法蘊為

代表，主張「內止其心，不空外色」，心空而外境不空，有點崇有論的味道。即色宗的代表人物是支道林，立論跟向秀和郭象的獨化論相似，從萬有的生成認識空，有所謂「即色是空，非色滅空」。

藝術上的影響：產生開創性成就

先秦諸子當中，只有道家的思想蘊涵着豐富的藝術精神，但這種藝術精神要通過魏晉玄學才得以顯現，這不但影響了當時的詩畫創作，也催生了很多討論藝術的著作，對中國以後的藝術發展有很重要的影響。

隨便舉幾個例子，都足以代表魏晉時代藝術的開創性和成就，創作方面有陶淵明的詩、王羲之的書法、顧愷之的畫、雲岡石窟雕像等；理論方面則有陸機的〈文賦〉、劉勰的《文心雕龍》、鍾嶸的《詩品》、顧愷之的《畫評》、宗炳的〈山水畫序〉、謝赫的《古畫品錄》等。

究竟甚麼是道家的藝術精神呢？以莊子的「逍遙遊」為例，莊子認為，當人能夠超越利害、是非及善惡的束縛時，就會進入一種觀賞萬物而不會沉迷其中的狀態，這種狀態跟審美經驗有相同之處；換種方式講，這是一種超越和解放的感受。魏晉名士唯美、浪漫和不受禮教約束的人生態度，正是這種精神的體現。自然是「道」的象徵，所以隱居山林，享受自然之樂，也為名士所嚮往。當然，魏晉玄學本身對藝術理論和創作有直接的影響，上一節講的「言意之辨」就是一個很好的例子；另一個明顯的例子是「形神之辨」，對於詩、書法和繪畫都有重要的影響。

正如前面所言，魏晉流行品評人物，除實用之外，也有審美鑑賞的成分，重視的是人的風采，影響到藝術作品的評論，就會出現風骨、神韻、重神忘形等標準。顧愷之所講的繪畫六法中就有「氣韻生動」和「傳神寫照」，

而顧愷之的人物畫，歷來都得到很高的評價，例如張彥遠說他的畫「意存筆先，畫盡意在，所以全神氣也」（《歷代名畫記》），而中國繪畫亦開始慢慢由人物畫轉向山水畫，山水正是道家「自然」的象徵。

玄學如何推動美學發展？

■ 對社會政治的影響：清談誤國？

玄學所討論的問題看似抽象，但很多跟當時的政治形勢有密切的關係，例如才性的同合與異離、本末有無與自然名教之辨，都涉及特定的政治立場。阮籍更主張無君或無政府主義。

清代大儒顧亭林認為，魏晉的清談誤國。這種說法很流行，但並不完全符合事實。

其實東晉時已出現這種論調，但西晉之所以滅亡，主因還是晉惠帝愚癡，致賈后亂政，然後是八王之亂，最後導致五胡亂華。晉室東渡後進行反省，認為崇尚空談無益，於是名士王導主張只談「三理」，即「言盡意論」「養生論」和「聲無哀樂論」，將清談導向現實人生，講求切合實用，這種務實的態度對穩定東晉一百多年基業有一定的貢獻，明顯的例子就是名士謝安在「淝水之戰」中打敗了前秦苻堅，穩定了江東的局勢。

說清談誤國未免有點誇大，當時天下分裂，政治黑暗，爭鬥不斷，當權者更任意殺害名士，這些都不是清談所造成的，與其說是清談誤國，倒不如說國誤清談。

不過，如果說知識分子本來有責任匡扶社稷，而玄學清談卻在某程度上影響社會風氣，滋生了虛無主義，名士的確要承擔部分責任。

特別是，出身高門望族的統治階層雖然崇尚老莊，但沒有相應的精神修養，以為逍遙就是放浪形骸，結果疏於朝政，危害政權。所以最終門閥墮落，寒門興起，這也是為甚麼南朝以來，帝皇多出自寒門，例如劉裕和陳霸先等人。

總的來說，魏晉玄學對社會政治的影響是短暫的，而其學術上的重要影響也僅限於接引佛學，反而它對藝術有重大的貢獻和深遠的影響。

魏晉玄學的影響

學術上 解放了學術思想，接引了佛學

藝術上 促進了藝術理論和創作的繁榮

社會政治上 影響很短暫

魏晉玄學對社會政治的影響是短暫的，而其學術上的重要影響也僅限於接引佛學，反而它對藝術有重大的貢獻和深遠的影響。

人性自有利鈍，迷人漸修，悟人頓契。

——慧能

佛家學說：成功本土化的外來思想

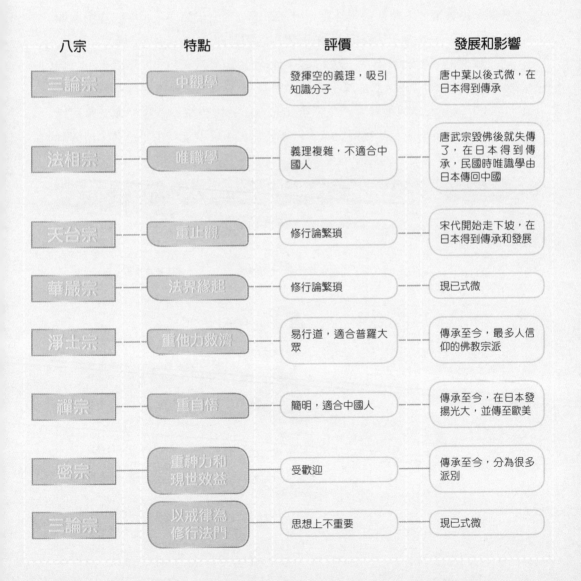

八宗	特點	評價	發展和影響
三論宗	中觀學	發揮空的義理，吸引知識分子	唐中葉以後式微，在日本得到傳承
法相宗	唯識學	義理複雜，不適合中國人	唐武宗毀佛後就失傳了，在日本得到傳承，民國時唯識學由日本傳回中國
天台宗	重止觀	修行論繁瑣	宋代開始走下坡，在日本得到傳承和發展
華嚴宗	法界緣起	修行論繁瑣	現已式微
淨土宗	重他力救濟	易行道，適合普羅大眾	傳承至今，最多人信仰的佛教宗派
禪宗	重自悟	簡明，適合中國人	傳承至今，在日本發揚光大，並傳至歐美
密宗	重神力和現世效益	受歡迎	傳承至今，分為很多派別
三論宗	以戒律為修行法門	思想上不重要	現已式微

佛教源於印度，由釋迦牟尼（前6世紀）所創，兩漢期間經西域傳入中國，東漢明帝下令興建白馬寺，就是要迎接印度僧人竺法蘭和迦葉摩騰前來洛陽翻譯佛經，可見當時佛教已受到相當程度的重視。佛學思想浩瀚，義理精深，經典繁多，兼且宗派林立，所以在這一章只能簡要地說明它在中國的發展。以下先交待一下佛家思想的基本觀念和派別。

佛教的基本教義為「三法印」「四聖諦」和「八正道」。簡單來說，佛家認為世間一切事物都是緣生緣滅，並無自性，即不能獨立自存，故稱為「空」，執著世間種種就會產生痛苦和煩惱，死後也會在六道中繼續輪迴轉生，要離苦得樂，免除輪迴之苦，就要修行，由戒得定，由定得慧，用智慧破除執著，得大悟，證得涅槃。

八正道：八種正確修行的方法

正念　正確的心念，集中意念，幫助自我實現

正命　正確的生活，如積極向上

正見　正確地看待事物，如不以自性或斷滅的立場來看世界

正思　正確的思想，認識佛法真理

正語　正確的說話，如：不出惡言、不搬弄是非、不妄語

正定　正確地入定，進行反省

正業　正確的行為，如：不傷害人，不偷竊

正精進　正確的努力，以解脫為修行的目標

　　佛教可分為小乘和大乘兩派，小乘追求的是個人悟道，超脫輪迴而證入涅槃；大乘則要拯救尚在苦海浮沉的眾生，幫助其到達涅槃的彼岸。大乘學派又可分為「中觀」「唯識」和「佛性」三系。中觀學派由印度的龍樹（150—250）開創，發揮「空」的義理，又稱為空宗，強調人有觀空的般若智。唯識學派的奠基人是無著（310—390）、世親（320—400）兩兄弟，說明現象乃是識心的顯現，由於重視現象界的說明，故稱為有宗，主張轉識成智。佛性思想則重視成佛的主體，雖然此派在印度本土並不盛行，卻在中國得到極大發展，天台、華嚴和禪宗都屬佛性系統，尤其是禪宗，可以說是中國化的佛教。

　　佛教傳入中國的發展可以分為三個時期：東漢、魏晉南北朝和隋唐。除了譯經之外，佛教在東漢的傳教也依靠報應之說和神通之技，所傳的主要是小乘思想。神通除了令當權者信服之外，也跟道教的道術有所溝通，而佛教的出入息修法，亦與道教的呼吸吐納之法類同。魏晉南北朝天下大亂，戰事頻繁，人們體會到生命的虛幻，而宗教正好發揮其慰藉人心的功能，佛教亦得以廣泛傳播，這個時期般若學流行，僧人以道家觀念來解釋佛家的義理，佛學史上稱為格義時期，產生了六家七宗的思想。到了隋唐，佛經的翻譯大致完成，佛家的義理被充分了解和吸收，最終開創出具中國特色的佛教宗派。

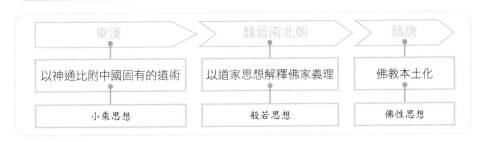

佛教在中國發展的三個時期

東漢	魏晉南北朝	隋唐
以神通比附中國固有的道術	以道家思想解釋佛家義理	佛教本土化
小乘思想	般若思想	佛性思想

1 佛學的早期傳播

譯經、建寺和講學

佛學的傳播有賴譯經、建寺和講學。漢代譯經的僧人都是異族人，分別來自印度、安息（今伊朗）和大月氏等國，著名的有安世高（？—187），乃安息國人，在漢桓帝時來到洛陽學習漢語，他翻譯了兩部重要的小乘經典：《陰持入經》和《安般守意經》。《陰持入經》主要說明心識如何產生意欲活動，意欲又如何產生業力，業力又如何影響存在，「陰」後來譯作「蘊」，「五陰」即五蘊；「入」後來譯作「處」，六根加六境就是十二處；「持」後來譯作「界」，十二處加六識就是十八界。《安般守意經》則是有關修行的理論，「安般」是音譯，「安」是指吸氣，「般」是指呼氣，「安般」即出入息法，是禪定的一種數息工夫，目的在守意，有所謂「四禪」和「六事」，「四禪」是安般守意的四個階段，而「六事」則是這些階段要求的事項：數、隨、止、觀、還、淨，也是後來天台大師智顗所講的「六妙門」。

安世高主要翻譯小乘經典，而稍後另一位譯經高僧支婁迦讖，則主要翻譯大乘經典，所以被冠以「大乘傳華始祖」之名。魏晉時，小乘佛教在中國已經式微，代之而起的就是大乘思想。後來出現了兩位譯經大師，一個是東晉時的鳩摩羅什，另一個是唐朝的玄奘；前者主要翻譯空宗的經典，後者則主要翻譯有宗的經典。

「四禪」和「六事」：兩種禪定工夫

四禪	六事		
一禪	數息	透過數呼吸以達致精神統一	由外到內
二禪	隨息	不用數息，意念跟隨着呼吸	
三禪	止	能止於一念	
四禪	觀	觀照自身，即內省	
	還	諸陰皆滅，內在的自我也消失	
	淨	連思想本身都被消除，得清淨之心	

佛圖澄與道安：亂世中令佛教薪火相傳的佈道者

所謂「格義」就是用中國原有的思想（主要是道家思想）來解釋佛家的義理，例如用道家的「無」來解釋佛家的「空」，用「無為」來解釋「涅槃」，用「守一」來解釋「禪定」。這樣解釋有一定的好處，就是讓中國人容易了解和接受佛家的思想，有利於佛教的傳播。不過，用道家思想來解釋佛家思想也有很多不妥當之處，例如道家的「無」是指萬物的根源，有本體義；但佛家的「空」卻是指萬物的本質 —— 無自性，緣起緣滅，不能獨立自存，「空」並不是萬物的根源。

格義佛學盛行於東晉時期，那時玄學已無多大發展，僧人透過「格義」，跟名士進行玄談，佛教義理滲透進士大夫和知識分子階層，這個過程中起到重要作用的有道安和慧遠兩位名僧。慧遠是道安的弟子（容後再介紹），而道安則是佛圖澄的弟子。佛圖澄（231—348）是西域人，先習小乘，後學大乘，晉懷帝時來到洛陽傳教，後來西晉滅亡，晉室東渡，北方被外族統治。由於佛圖澄具神通，有預知能力，因此得到當權者石勒的尊崇，佛圖澄藉此以慈悲戒殺的教義來勸說石氏父子，又借助其政治力量，建寺傳教，使佛教在北方得以快速傳播。

道安（312—385）對佛教的貢獻主要有兩點，一是翻譯佛經，二是建立僧團制度。他亦為安世高所譯的經作注，完成了《陰持入經注》及《大道地經注》。道安也是中國佛教第一個開宗立派者，建立了「本無宗」，以「本無」來解釋「空」。道安以「無在萬化之前，空為眾形之始」（見吉藏《中論疏》）為根據，主張佛家的「空」跟道家的「無」一樣，都是萬物之本，獨立於萬物之外，並且為萬物運行的原則。但正如前面所言，這樣理解「空」明顯違反了佛教的教義。

　　道安原居北方，後來北方戰亂，他來到南方，受到東晉朝野的歡迎，他亦借助這些力量在南方傳教。他居襄陽達十五年，主要講述《般若經》，而且制定了僧團的戒律，可算是僧團制度的創始人。後來襄陽被北方的苻堅攻陷，道安被迎接到長安，在苻堅的支持下，主持了大規模的佛經翻譯活動，其中佛經大部分是小乘一切有部的經典。

　　另外，道安也是第一個整理傳入中國佛經的僧人，他比較不同的譯本，編成了《綜理眾經目錄》（簡稱《道安錄》），可惜這本佛經目錄現已失傳。

從玄學到佛學

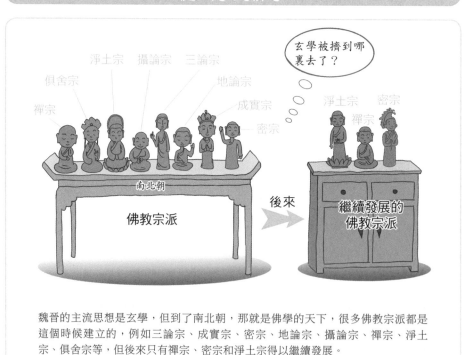

魏晉的主流思想是玄學，但到了南北朝，那就是佛學的天下，很多佛教宗派都是這個時候建立的，例如三論宗、成實宗、密宗、地論宗、攝論宗、禪宗、淨土宗、俱舍宗等，但後來只有禪宗、密宗和淨土宗得以繼續發展。

鳩摩羅什與僧肇：格義佛學的終結者

　　鳩摩羅什（344—413）生於龜茲國，父親是印度人，母親是龜茲國的公主，自幼隨母出家，學習小乘，後學大乘有所成，聲名遠播。道安建議苻堅請鳩摩羅什（以下簡稱「羅什」）來中土共同研究佛學，但龜茲國王不肯放人，於是苻堅派兵攻打龜茲國，劫走羅什；後來苻堅被殺，前秦為後秦所滅，最後羅什被後秦的姚興迎接到長安，奉為國師。

　　羅什精通梵文、漢語，得到當權者的支持，展開了大規模的譯經活動，翻譯了七十多部佛經，重要作品有《法華經》《維摩經》《般若經》《金剛經》《阿彌陀經》《心經》等。其實這些經典之前已有人譯出，但質素欠佳，有人稱羅什之前所譯的佛經為「舊譯」，羅什所譯的為「新譯」，新譯在義理和流暢性上都比舊譯優勝，現在也多採用羅什的譯本。除佛經外，羅什也翻譯了中觀學派的論著，如《中論》《大智度論》《百論》《十二門論》等，令中國人更明了空宗的義理，進而擺脫格義佛學的局限，使佛教在中土得到進一步的發展。

　　羅什譯而不著，他所傳的思想則由弟子僧肇（348—414）加以發揮。僧肇著有四論，分別是〈不真空論〉〈物不遷論〉〈涅槃無名論〉和〈般若無知論〉，四論收入《肇論》一書。由於師承羅什，僧肇對中觀學派的認識比同時代的人深入，並且批判了六家七宗對「空」的理解，這也標誌着格義佛學的結束。僧肇所著的四論，都發揮了「空」的義理，但從書中提及的「無名」「無知」這些名稱來看，可知他亦是借用道家思想來解釋佛家的概念。

　　四論之中以「不真空論」最重要，這也是針對當時三家（六家七宗中的本無宗、心無宗、即色宗）思想所理解的「空」作出批評。「緣起」和「性空」是事物的一體兩面，「緣起」是就事物的生成變化而說的，「空」則是指的事物的本質，不能獨立自存。從現象一面看，事物是存在的，也有其變化的規

律，這是「有」；但從本質上看，事物是緣生緣滅，並無自性，這就是「無」。僧肇所提出的「非有」是針對「有」而說的，認為事物雖存在，但並無自性；而「非無」則是針對「無」而言的，認為事物雖無自性，但畢竟是存在的，並非虛無。僧肇是用「不真」來界定「空」，在這裏，「真」是指「真有」，即「有自性」。僧肇這些「非有」「非無」「不真有」的概念有甚麼意義呢？一方面指出了當時對「空」的理解不正確，另一方面關聯到對「空」的體證。僧肇說：「故經云：色之性空，非色敗空，以明夫聖人之於物也，即萬物之自虛，豈待宰割以求通哉？」（〈不真空論〉）「非有非無」的主張就是要說明不需要破壞或捨棄現象才可以證空。

另外，值得一提的是「物不遷論」。傳統上佛教說事物變化，由生而滅，但僧肇卻說事物沒有變遷，似乎跟傳統的說法對立，其實他想表達的是，事件具實在性。「事物」這個詞是有歧義的，它既可指「物件」，也可指「事件」，物是緣生緣滅，有變化的，例如人出生、老去和死亡，但佔有特定時空的事件卻是不變的，例如有人曾經存在世上這個事實，不會因其死去而消失。事件的實在性會令人重視當下的經驗，這跟後來出現的禪宗思想有所呼應。

僧肇四論的要旨

不真空論	以「不真」來界定「空」，認為萬物是「非有非無」
物不遷論	事物沒有變化，每一刻都是永恆的
涅槃無名論	涅槃是一種玄妙境界，難以形容
般若無知論	般若之知超越了分析和推論，是一種直觀的智慧

慧遠與道生：一對有故事的師徒

慧遠（334—416）出身士族，精通儒道兩家，後來跟隨道安學佛達二十五年之久。苻堅攻打襄陽之時，慧遠被派到南方傳教，後來他在廬山開設道場，使廬山成為東晉時南方的佛教中心，跟北方的佛教中心長安齊名。慧遠有很多著作，但流傳下來的只有〈沙門不敬王者論〉〈明報應論〉和〈法性論〉。

〈沙門不敬王者論〉的主旨是出家人不應向統治者獻媚，要有超然性。事緣佛教傳入中國時，沙門對中國帝皇只行雙手合什之敬（在印度，僧侶的地位高於皇族），並不合乎禮制，於是引起了「沙門應否向帝皇跪拜」的爭論。慧遠認為，沙門是塵世之外的人，不應致敬帝王，不過在家的信眾仍要守儒家的禮教，從而調和了儒、佛在倫理上的衝突。

〈沙門不敬王者論〉中還有「神不滅論」的主張。形神的關係一直是中國傳統思想的固有論題，但慧遠所講的「神」，明顯是指靈魂，認為神在人死後會離開身體，在六道中再次輪迴轉生。慧遠說：「神也者，圓應無生，妙盡無名，感物而動，假數而行。感物而非物，故物化而不滅；假數而非數，故數盡而不窮。」（〈沙門不敬王者論〉）

慧遠巧妙地借助東漢桓譚的燭火比喻來說明他的形神觀。桓譚認為，人的精神和身體就好像燭火和燃燭的關係，燭盡則火滅；但慧遠指出，燭火可以轉移到另一支燃燭上，就好像靈魂投胎轉生一樣。慧遠更借助莊子「薪盡火傳」（《莊子·養生主》）之喻來說明其「形滅而神不滅」的思想。

〈明報應論〉的主旨是說明善有善報、惡有惡報的道理，這跟「神不滅論」有關，因為靈魂正是輪迴的主體，而因果報應也關連到前生及來世。至於〈法性論〉，則涉及終極問題，慧遠說：「至極以不變為性，得性以體極為宗。」

（〈法性論〉）至極就是終極真理，這是不變的。

慧遠所講的「法性」似乎是指萬物的「本體」，但這是否是「空」理呢？

慧遠如何成為淨土宗的始祖？

淨土修持理論前提：
依仗阿彌陀佛的願力

修持核心：
一心念佛，發願往生淨土

南無阿彌陀佛

慧遠

三世因果

誠坤不滅

善惡英償

阿彌陀佛

慧遠後來被奉為淨土宗的始祖，原因是他首先倡導專心一意念阿彌陀佛的名號，死後可以往生阿彌陀佛的西方淨土。

　　如果是的話，那就會出現僧肇批評道安「以空為本體」的問題；如果不是的話，「法性」之說又會跟「空」理衝突，因為「本體」有自性。

　　道生（372—434）自幼出家，後來向慧遠求學，那時慧遠在南方的廬山已建立了相當規模的僧團，道生跟慧遠學習了七年，但對其嚴守戒律的苦修不太滿意，於是來到長安拜羅什為師，跟僧肇成為同學。

　　在長安的五年學習中，道安感到羅什之學太過死守經義，後又回到廬山繼續修行。

　　從道生的求學過程，我們可以看出他有一顆不死守戒律和經義的活潑心靈，就是這顆活潑的心靈，讓他率先闡明了「佛性」的思想。

　　《般若經》提到有「照見五蘊皆空」的般若智，這其實已經預設了悟道的主體，即「佛性」，佛性的思想在印度並不受重視，傳到中國之後才得到進一步發展。

　　《涅槃經》教義有佛性的主張，但當時的《涅槃經》只翻譯了六卷，未明確表示眾生皆有佛性，道生憑藉自己的理解，主張眾生皆有佛性，而當時流行的見解是一闡提（善根斷絕之人）並沒有佛性。

　　由於道生的主張沒有經典的支持，又跟流行的觀點衝突，加上他不嚴守印度傳過來的戒律（例如他主張適應中國民情，將印度的踞坐而食改為方坐而食），所以被逐出僧團。後來曇無讖譯出整部《涅槃經》，內有一切眾生皆有佛性的主張，道生才得以平反。

　　道生有很多著作，但大部分已散佚，或是殘缺不全，主要作品有〈頓悟成佛義〉〈佛性當有論〉〈法身無色論〉及〈佛無淨土論〉。〈佛性當有論〉討論佛性具普遍性的觀點；而〈頓悟成佛義〉則指出成佛的方法乃是頓悟；至於〈法身無色論〉，旨在說明法身乃精神實體，並非物質性的東西；〈佛無淨土論〉發揚大乘的精神，說明佛不離眾生，不願獨自前往淨土。

　　道生的「佛性」和「頓悟」主張對中國佛教的發展產生了很重要的影響。「人人皆有佛性」，跟儒家「人人皆可為堯舜」的説法相通，故容易被中國人接受，天台、華嚴和禪宗都繼承和發揮了佛性的思想，成為有中國特色的佛教宗派。至於頓悟，道生認為真理具有整全性，不可透過分解的進路來理解，所以「悟」是瞬間的事，直覺地把握終極的真理，後來「頓悟」成為了慧能南宗禪所標榜的法門。

　　道生又將佛陀的教法分為四種：善淨、方便、真實和無餘，稱為四法輪，這對後來的判教思想（判教即辨教，謂判定各類經典的意義和地位）產生了一定的影響。

道生說法，頑石點頭

……
一闡提也有佛性

對！對！對！

道生

傳説道生被逐出僧團之後，滿腹牢騷，只好對着石頭説法，當説到「一闡提也有佛性」時，連頑石也點頭，表示同意。

玄奘：除了去西天取經，他還做了些甚麼？

玄奘（600－664）活動的時期已是唐朝，他是繼羅什之後的另一譯經大師，筆者將他放在這一節，正是出於他對譯經方面的貢獻；至於他所傳的唯識學，由於精深難懂，並未得到重大的發展，雖然他的弟子窺基創立了法相宗，宣揚唯識學，但只傳了幾代就銷聲匿跡了，無法在中國本土生根。

玄奘到印度取經已是家傳戶曉，但其實他西行取經之前，已經是一位精通大、小二乘經論的大師。當時唐朝初定，是禁止人民出國的，玄奘為了求學，不惜偷渡，冒着生命危險遠赴印度。玄奘的目的地是中印度的那爛陀寺，他跟隨戒賢論師學習唯識學，戒賢的唯識學是學自護法，護法則是唯識十大論師之一。

玄奘在那爛陀寺學習了五年，後遊學於東印度多國。有一次戒日王在曲女城為玄奘舉行辯論大會，除了多國的國王、大臣和佛教徒之外，還有其他宗教的學者參與，多達七千人，可謂盛況空前。玄奘登台講學，其論被抄寫下來，掛於會場門口，經過十八天仍無人攻破。後來戒日王又在鉢羅耶迦城為玄奘舉行七十五天的無遮大會（指佛教每五年舉行一次的佈施僧俗的大齋會），給他送行，參與大會的人數高達五十萬。一個中國留學生在國外竟能得到如此待遇，實可謂空前絕後，亦可見玄奘學養深厚，足以折服印度本土人。

在外遊學了十六年，玄奘終於在公元 645 年回到長安。他得到唐太宗的親自迎接，並獲國家支持進行大規模的譯經工作。玄奘用二十年的時間，譯出了七十五部佛教經論，重要的有《大般若經》《解深密經》《瑜伽師地論》《成唯識論》《攝大乘論》及《唯識三十頌》，大部分是唯識學的經典。就這樣，經過羅什和玄奘的努力，空宗和有宗的經典都先後被譯成漢語。

玄奘的思想，主要見於《成唯識論》，這也是法相宗的經典。唯識學的

重點在於「萬法唯識」，認為一切事物都是由識心所變，總共有八識，前五識是眼、耳、鼻、舌、身，它們是用來感知外物的；第六識是意識，具有回憶、想像和推論等功能；第七識稱為末那識，是我識，產生自我意識；第八識叫作阿賴耶識，是藏識，亦即潛意識，阿賴耶識藏有種子，種子是精神性的東西，我們的思想、言語和行為都會產生影響，以種子的形式潛藏在阿賴耶識中，待條件符合，種子就會發芽、長大，成為具體的事物。

唯識學就是以這種模式來說明現象是識心所建構，及解釋業報與輪迴，阿賴耶識正是輪迴的主體。唯識學認為阿賴耶識內藏無漏種子，無漏即清淨無執，要令種子起現行，就要靠「熏習」，通過善行和禪修的長期努力，使無漏種子取代有漏（煩惱執著）種子，待無漏種子顯現出來的時候，就能轉識成智，得大悟。

唯識學的修行方法，走的是「漸悟」之路，跟道生及後來南宗禪慧能所倡導的「頓悟」截然不同。

鳩摩羅什 pk 玄奘：兩大譯經大師比較

經典種類

主要是中觀學

翻譯風格

文筆流暢華麗　　鳩摩羅什

經典種類

主要是唯識學

玄奘

翻譯風格

忠實直譯，不重文采

2 中國第一個佛教宗派
天台宗

南北朝時，北方佛學重坐禪（定），南方佛學重義理（慧），而隨着楊堅統一全國，建立隋朝，南北佛學亦有融合的趨勢，其中代表者就是智顗（538—597），他將兩者結合，主張「定慧雙修」「止觀並重」，「止」跟「定」有關，「觀」與「慧」相連。

智顗是天台宗的開山祖師，十八歲出家，後師從慧思（515—577），學習心觀之法。智顗精研《法華經》，因曾在天台山修行和傳道，故被稱為天台大師，而他所成立的宗派也就叫作天台宗。智顗活躍於陳朝和隋朝之間，更被楊廣（後成為隋煬帝）尊稱為智者大師。嚴格來說，天台宗才是第一個真正的中國佛教的宗派，傳承了近千年，也傳播到了日本。

天台宗以《法華經》為宗，並吸收了中觀和般若的思想。智顗著作甚多，重要的有《法華玄義》《法華文句》和《摩訶止觀》三部作品，都跟《法華經》有直接關係，《法華玄義》發揮其義理，《法華文句》是注解，而《摩訶止觀》則是實踐的方法。

《法華經》屬於佛陀最後說法時期的經典，被稱為「經中之王」，可見其地位之重要。《法華經》的主旨在於佛陀的種種說法，只是為眾生方便而設，此經有二十八品，其中第二品叫作方便品，就是說明佛在世間運用種種方便法門，引領眾生從痛苦、煩惱中解脫出來，證得涅槃，此所謂「開權顯實」，權是方便法門，實是真實，即最高的真理。《法華經》充滿譬喻，譬喻本身就是一種方便法門，全書由七個譬喻組成，稱為「法華七喻」。

天台宗有兩個重要的思想，一個是心觀論（包括一心三觀和一念三千），另一個就是判教論。佛陀說法多年，教義繁多，而每一派所傳承的義理和修行方法又各有不同，有時甚至出現衝突和矛盾，佛教思想傳到中國之後，為了了解這些不同派別、義理和修行的關係，將它們之間的衝突消融，判教理論應運而生。通過判教，人們將不同教法置於恰當的位置，並展示出佛陀最

高的教法，此為圓教。

除了天台宗之外，華嚴宗也有它的判教論。但判教並非天台宗首創，東晉時已有判教出現，而印度本土也有唯識學和中觀學的判教。

法華七喻講了些甚麼？

❶ 火宅喻

富翁家中起火，屋內有三名孩子，由於年幼，不知道火的危險，富翁為了拯救孩子，不得不訛稱屋外有他們喜愛的玩具羊車、鹿車和牛車，於是孩子就急忙走出屋外，才發覺富翁為他們預備了大白牛車，在這裏，羊車、鹿車和牛車代表的是三乘教法 —— 聲聞乘、緣覺乘和菩薩乘，而大白牛車代表的則是一乘教法 —— 一佛乘。此喻旨在說明三乘歸一。

❷ 窮子喻

窮子為富人之子，因年幼離家，不認得父親，於是富人設計讓他幫自己工作，並逐步提升他，到時機成熟，才跟他相認，並授予家業。窮子比喻眾生，富人比喻佛，家業比喻實相。

❸ 雲雨喻

一雨到來，滋潤了草木，
草木的種類雖千差萬別，
但都受惠於雨水。草木比
喻眾生，一雨比喻實相。

❸ 繫寶珠喻

有一人在親友家酒醉而
睡，親友因有急事出門，
故繫寶珠於其內衣，後來
此人往他國去，但生活艱
難，常因小得便滿足，最
終再遇親友，才知原來內
衣藏有寶珠。此喻眾生滿
足於小智。

❺ 化城喻

導師帶領眾人取寶藏，走過險
道時化作一城，讓大家休息，
消除疲勞後繼續前進。化城比
喻為佛度化眾生的方便法門。

❻ 醫師喻

良醫的兒子誤服毒藥，由於中
毒太深，失去心智，不肯服
藥，於是良醫設計離家，並佯
稱死於他鄉，兒子才回復心
智，服藥解毒。良醫離家比喻
佛之入滅，佛在世時大家不懂
珍惜機會，所以佛入滅也是一
種方便法門。

❼ 明珠喻

國王常賞賜財物給臣下和士
兵，唯獨髻中明珠不會給予。
明珠比喻《法華經》，由於此
經艱深難解，所以要到最後才
演說。

五時八教：佛陀說法的五個時期和八種教法形式

「五時八教」是天台宗的判教理論，所謂「五時」是指佛陀說法的五個時期：華嚴時、鹿苑時、方等時、般若時和法華時；至於「八教」就分為「化儀四教」和「化法四教」，前者是對佛陀教法形式的分類，後者則是對教法內容的分類。

華嚴時是佛陀大悟之後的最早說法，乃直接宣示其覺悟的內容，對象是大菩薩。鹿苑時是指佛陀在鹿苑地的說法，較為淺易，對象是根器較淺的弟子，內容為四聖諦和八正道，屬原始佛教的教義。方等時的說法內容包括大乘，並通過批判小乘，使弟子能夠由小乘進入大乘。般若時佛陀所說的乃是大乘空宗之法，即中觀的思想。法華時是說法的最後階段，主要宣示實相的一乘教。

「化儀四教」是指說法形式，分為四種：（1）頓教，針對利根者所施之教，以直接方式宣教，使人在瞬間掌握真理，這是佛陀在華嚴時的教法，所以《華嚴經》也屬頓教；（2）漸教，用漸進的教法，由淺入深，由小乘到大乘；（3）秘密教，沒有特定的教法，但同一種說法可令不同根器者有所得益；（4）不定教，因應眾生程度的差異施以不同的教法，包括前三者的教法。

「化法四教」是指說法內容，也分為四種：（1）藏教，指經律論三藏，即小乘教義；（2）通教，指通於三乘的教義，也通於其餘三教，這是般若學，「通」的另一個意思是指由小乘通向大乘；（3）別教，指有別於藏、通二教，這二教的重點在於客觀事物的本質，即「空」，而別教的重點則在於主體方面，即佛性的思想；（4）圓教，即圓融無礙的教法，乃佛陀最高的說法，圓教也是講佛性，跟別教不同的地方在於實踐的方法，就是剎那間開悟，而別教則是漸進式的。

　　《法華經》的全名是《妙法蓮華經》，「蓮華」即是蓮花，它本身也是一個譬喻。我們要得到蓮子，就必須等待開花、結果、花謝等過程，這些過程代表的正是藏、通、別三教，而蓮子則代表圓教。

　　智顗的判教雖嚴密，但似乎也存在矛盾之處，根據「化儀四教」的判法，佛陀在華嚴時說《華嚴經》，這屬於頓教；但在「化法四教」的判法中，《華嚴經》則屬於別教，而別教的教法是漸教，並不是頓教。

佛陀說法的五個時期

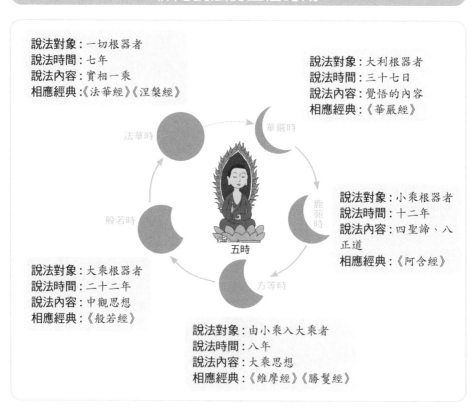

說法對象：一切根器者
說法時間：七年
說法內容：實相一乘
相應經典：《法華經》《涅槃經》

說法對象：大利根器者
說法時間：三十七日
說法內容：覺悟的內容
相應經典：《華嚴經》

法華時

華嚴時

五時

鹿苑時

說法對象：小乘根器者
說法時間：十二年
說法內容：四聖諦、八正道
相應經典：《阿含經》

般若時

方等時

說法對象：大乘根器者
說法時間：二十二年
說法內容：中觀思想
相應經典：《般若經》

說法對象：由小乘入大乘者
說法時間：八年
說法內容：大乘思想
相應經典：《維摩經》《勝鬘經》

心觀論：「一念三千」是怎麼回事？

「五時八教」只是智顗整理佛經教義的判教，真正能代表他思想的還是「一念三千」。要了解「一念三千」，就得先認識「三諦圓融」和「一心三觀」的思想。「一心三觀」是慧文（慧思的老師）根據《中論》和《大智度論》的思想整理出來的。而「三諦圓融」和「一心三觀」都可找到經典上的根據，唯獨「一念三千」沒有，相信是智顗基於「三諦圓融」和「一心三觀」所創。

何謂「三諦」？「以三諦攝一切法，空諦、色諦、心諦故，我說一切法不出三諦。」（《仁王經‧二諦品》）三諦就是空諦、色諦和心諦，有時又稱為空諦、假諦和中諦。空諦就是指萬物因緣而生，並無自性，故為「空」，空諦展示的是事物的本質，即平等性。假諦是指萬物畢竟存在，也有變化的規律，雖不真實，卻是「假有」，假諦顯現的是事物各自的特性，即差別性。中諦是指不著於「空」「假」兩邊，不執著於空，亦不執著於有。至於「圓融三諦」，意思就是三諦有包容的關係，言空不離假和中，言假不離空和中，言中不離空和假，正如智顗說：「圓融三諦者，非但中具足佛法，真、俗亦然，三諦圓融，一三三一。」（《法華玄義》）

三諦是就客觀方面來說的，而三觀則是從主體方面講的。何謂「三觀」？「三觀者，從假入空名二諦觀，從空入假名平等觀，是二觀方便道。因是二空觀，得入中道第一義諦觀。」（《瓔珞經‧賢聖學觀品》）由此可見，三觀對應着三諦，那就是空觀、假觀和中觀，但空觀的意思並非單單觀照事物的本質為「空」，而是「從假入空」，以假有為基礎觀空，即是從現實走向真實，從實踐的角度看，就是要破除對現實世界的種種執著及各種邪見。同理，假觀就是「從空入假」，以空為基礎觀假，從真實走向現實，依真理建立對世界的正確了解。至於中觀，就是中道正觀，這是從教化角度講的。要注意的

是，「一心三觀」無分次第，並非先要做到「從假入空」，才可以「從空入假」，三觀是同時顯現的，智顗說：「即空、即假、即中者，雖三而一，雖一而三，不相妨礙。」（《摩訶止觀》）「即空、即假、即中」正是天台宗的口號，也顯示出天台圓教的特色。

「一心三觀」一方面顯示出心的主體性，另一方面亦是天台宗的實踐法門，三觀可破三惑，得三智。空觀破見思惑，假觀破所知惑，中觀破無明惑；破見思惑得「一切智」，破所知惑得「道種智」（指獲得一切智、一切種智的基礎），破無明惑得「一切種智」（即能以一種智慧覺知一切道法、一切眾生之因種，並了達諸法之寂滅相及其行類差別之智）。

「一心三觀」是一種禪定的方法，可到達「一念三千」的境界。智顗說：「夫一心具十法界，一法界又具十法界、百法界。一界具三十種世間，百法界即具三千種世間。此三千在一念心，若無心而已，介爾有心，即具三千。」（《摩訶止觀》）「十法界」即地獄、畜生、餓鬼、阿修羅、人間、天界（慾界天）、聲聞、緣覺、菩薩、佛。每一界又可含攝其餘九界，意思是身處任何一界，都有轉往其他九界的可能。十界互攝，就有百界。而每一界就其本性和功能來看，有所謂「十如是」：如是相（形相）、如是性（本性）、如是體、如是力（功能）、如是作（作用）、如是因（主因）、如是緣（輔助因）、如是果（直接後果）、如是報（間接後果）、如是本來究竟（前九如的全部過程）。此外，還有三種世間：五陰世間、眾生世間、國土世間，五陰即色、受、想、行、識五蘊，五蘊構成眾生，而眾生則存在於國土。「百界」乘以「十如是」，再乘以「三世間」，合起來就是三千世間。

「一念三千」雖是一種玄妙的境界，但卻引起「佛性惡」的問題，既然佛界具有其他九界的因子，亦即說佛也有惡的成分，該如何理解「佛性惡」呢？至少有三種解釋：（1）即使成佛，離惡但不斷惡，仍有墮落於地獄的可能；

（2）由於佛有惡的因子，才可以到地獄度化眾生；（3）「惡」也可以是一種佛教導眾生的方便法門。

甚麼是「見思惑」？

「見思惑」即見惑和思惑，見惑是見解上出錯，思惑是思想上出錯。見惑有五種，思惑也有五種，不過亦有將思惑歸入見惑的。

▓ 修行論：智顗的修行法門是怎樣的？

　　天台宗的修行理論非常複雜，但就實踐方面，可以用一句話來概括，就是「止觀雙修」，「止」是將心停於一念，使精神集中；「觀」是向內反省（但有時「觀」是指觀相，那跟「止」的意思相若）。

　　概念上「止觀」可以二分，但實踐上兩者往往是連在一起的，智顗的早期著作《六妙門》就提到了「止觀」，而他晚期的著作《摩訶止觀》更是將「止觀」列為書名。《摩訶止觀》有一套嚴密的止觀法門，除了「一念三千」和「一心三觀」之外，還有兩個比較重要的概念，就是「四種三昧」和「十乘觀法」，前者偏重於「止」，後者着重於「觀」。

　　「三昧」是梵文音譯，意思是「禪定」，即精神集中的修煉。天台的四種三昧是：常坐三昧、常行三昧、半行半坐三昧及非行非坐三昧。半行半坐三昧又分為兩種，一種是方等三昧，另一種是法華三昧。其中法華三昧特別重要，是由慧思傳給智顗的。傳說智顗修習法華三昧得「神通」，看到了前生跟慧思一同在靈山聽佛陀說法的景象。後來天台中興者湛然作《法華三昧行事運想輔助儀》，對此修行方式加以弘揚，到了宋代的繼承者知禮，更以修持法華三昧為常課。

　　「法華三昧」又分為「有相行」和「無相行」兩種，「有相行」是依據《法華經・普賢品》而立，主要念誦《法華經》而得禪定；「無相行」則依據《法華經・安樂行品》而立，有四種安樂行：正慧離著安樂行、無輕讚毀安樂行、無惱平等安樂行及慈悲接引安樂行。

　　至於「十乘觀法」，分別是：觀不可思議境、起慈悲心、安巧止觀、破法遍、識通塞、修道品、對治助開、知次位、能安忍及無法愛。前七個是正道理觀，後三個是輔道事行，以達到「初住」為實踐的目標。

　　智顗的修行理論又被譽為「教觀雙美」，「教」是指教法和教理，「觀」是指實踐，亦即包含上述「止觀」內容。但這套複雜而嚴密的修行理論，不免給人繁瑣之感，也不大適合中國人的性格。

幾種「三昧」（禪定）如何修習？

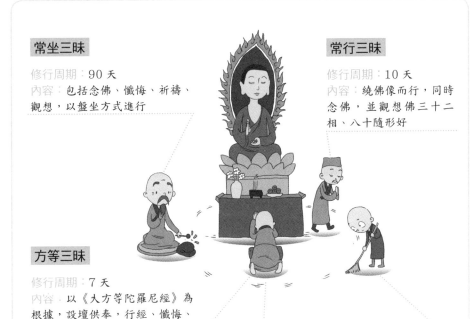

常坐三昧

修行周期：90 天
內容：包括念佛、懺悔、祈禱、觀想，以盤坐方式進行

常行三昧

修行周期：10 天
內容：繞佛像而行，同時念佛，並觀想佛三十二相、八十隨形好

方等三昧

修行周期：7 天
內容：以《大方等陀羅尼經》為根據，設壇供奉，行經、懺悔、坐禪、禮拜及持咒

法華三昧

修行周期：21 天
內容：壇上置《法華經》，禮拜、誦經、行經、坐禪、讀懺文，並觀想普賢菩薩坐於六牙白象之上

非行非坐三昧

修行周期：不定
內容：以《大般若經》為根據，沒有特定的內容，隨自意決定，任何事均可作為修行

3 華嚴宗

修行理論複雜到沒朋友

　　華嚴宗的開宗者為法藏（643—712），活躍於唐初，由於武則天的大力支持，華嚴宗得以快速發展和傳播，法藏更被武則天尊稱為賢首大師。法藏少年時拜智儼（602—668）為師，學習《華嚴經》，這是華嚴宗的主要經典，其中最重要的就是講述普賢菩薩行願的〈入法界品〉。法藏曾參與玄奘的譯經工作，後因不滿法相宗的唯識學，便以《華嚴經》為宗，創立了華嚴宗，上追杜順為始祖、智儼為二祖。杜順所著的《五教止觀》和《法界觀門》也就是華嚴宗兩個主要思想「五教十宗」和「法界緣起」的源頭。

　　華嚴宗的重要著作都是法藏所寫，如《華嚴五教章》和《華嚴探源記》，前者論述華嚴宗的判教思想，後者則是發揮《華嚴經》的義理；此外還有《遊心法界記》《妄盡還源觀》《金獅子章》等，主要表達「法界源起」的思想。除了《華嚴經》之外，法藏也吸收了《大乘起信論》、唯識學和中觀的思想。

華嚴宗的傳承

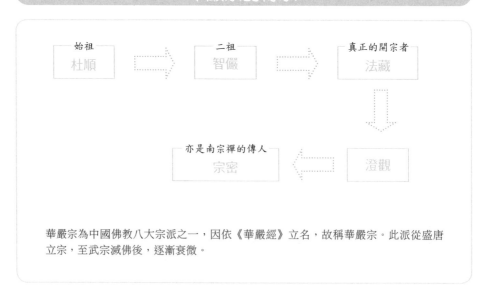

華嚴宗為中國佛教八大宗派之一，因依《華嚴經》立名，故稱華嚴宗。此派從盛唐立宗，至武宗滅佛後，逐漸衰微。

◎ 五教十宗：華嚴宗的教法和宗派

「五教十宗」是華嚴宗的判教理論，法藏說：「就法分教，教類有五。後以理開宗，宗乃有十。」（《華嚴五教章》）「五教」是指小教、始教、終教、頓教和圓教，這是以教法和義理為判教的標準；「五教」再分為「十宗」，「十宗」是以義理為判教的標準。

小教相若於天台宗講的藏教，即小乘，華嚴宗認為，小教對於「人空無我」的觀點有透徹的了解，但對「法空無我」的理解有誤，屬小乘的《俱舍論》尤其如此，因為它將事物的組成還原到七十五種元素就停止了，並未否定其自性，似乎承認了這些元素是永恆不變的。

始教和終教都屬於大乘，大乘始教旨在說明世間一切事物都無自性（不能獨立自存），事物的本質雖為空，但畢竟存在，這是事物緣起的一面；研究事物本質的稱為「空宗」，經典有《般若經》，而研究事物存在的稱為「有宗」，經典有《解深密經》。終教在空、有二宗之外，強調佛性的思想，認為佛性是成佛的基礎，這是從主體方面講的，又稱為「如來藏」，經典有《如來藏經》《楞伽經》等。始教是從客觀方面講，以證取真理為起點，終教是從主體方面講，以發揮佛性為終點。

頓教比較特別，它不是以教法或義理為判斷的標準，而是着眼於實踐方面，指人透過頓然的方式把握真理，特別強調超越文字的限制，例如用圖畫、聲音、動作等方法幫助開悟，後為南宗禪所強調。華嚴的「頓教」跟天台的「頓教」略有不同，前者着重實踐方法，後者則強調教法，即直接宣示佛陀所悟的最高義理。

至於圓教，則分為「同教一乘」和「別教一乘」，法藏的判教遲於智顗，天台已為圓教（即圓滿的教法），而在天台宗的判教理論中，《華嚴經》思想

屬於別教，所以法藏將《法華經》《涅槃經》和天台宗思想歸為「同教一乘」，而將《華嚴經》和華嚴宗思想判為「別教一乘」，天台、華嚴同為圓教。「一乘」就是指一乘教法，即以發揮佛性、成佛為修行的目標，無須經過聲聞、緣覺和菩薩這三乘階段。所謂「同教」則指所證得的境界能通於佛以下的九界眾生，使他們也能分享其覺悟成果，其中，「圓」是圓滿的意思。而所謂「別教」則是指華嚴宗所標榜的最高境界具有莊嚴性，這就是「法界緣起」的境界，此境界不能與其他九界眾生分享，其中，「圓」是崇高意義下的圓。法藏認為，別教一乘才是真正的圓教，但天台宗批評華嚴的教法為「緣理斷九」，即斷絕與九界的關係。「同教」和「別教」亦有另一個意義的區分，「同教」是指共同教導一切眾生，而「別教」則指特別為大利根者（大菩薩）而設教。

華嚴宗的五教與十宗

我法俱有宗	部派佛教的犢子部，主張法、我皆實有	小教
法有我無宗	部派佛教的一切有部，主張無我、法有	
法無去來宗	大眾部，主張現在的事物為真，過去和將來的則不是	
現通假實宗	部派佛教的說假部和成實宗，主張除五蘊外，一切皆空	
俗妄真實宗	說出世部，主張出世間法才是真實	
諸法但名宗	由大眾部分出來的一說部，主張一切法只是假名	
一切皆空宗	主張一切法皆空	始教
真德不空宗	主張一切法是真如本性的顯現	終教
相想俱絕宗	主張真理超越語言	頓教
圓明俱德宗	主張一切法圓融無礙	圓教

法界緣起：華嚴宗對事物生成的特有看法

「緣起」是佛教對存在事物生成的看法，而不同的派別有不同的緣起思想，「法界緣起」正是華嚴宗特有的緣起思想，除此之外，還有三種緣起思想，分別是「業惑緣起」「阿賴耶緣起」及「真如緣起」。

四種緣起：對事物生成的四種解釋

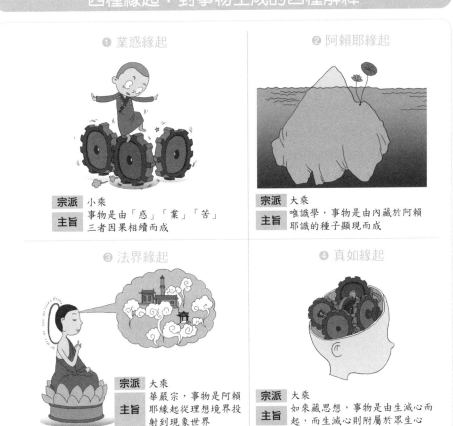

❶ 業惑緣起

宗派	小乘
主旨	事物是由「惑」「業」「苦」三者因果相續而成

❷ 阿賴耶緣起

宗派	大乘
主旨	唯識學，事物是由內藏於阿賴耶識的種子顯現而成

❸ 法界緣起

宗派	大乘
主旨	華嚴宗，事物是阿賴耶緣起從理想境界投射到現象世界

❹ 真如緣起

宗派	大乘
主旨	如來藏思想，事物是由生滅心而起，而生滅心則附屬於眾心性

「法界緣起」不同於其他三種緣起思想，它不是從現實的角度去說明事物的生成變化，而是從理想的層面來說緣起，由修行者所體證的角度來看事物的生成和關係，「法界」就是指從真理角度觀照的世界。

據《華嚴經》所載，毗盧遮那佛在禪定中獲得「海印三昧」，將自己所證得的真相，投射到現象世界，這就是「法界緣起」的境界，各種事物都處於圓融無礙的關係中，此所謂「相即相入」，亦即「法界緣起」的基本「邏輯」。

甚麼是「相即相入」？在事物的生成變化中，有些因素處於顯然的狀態，稱為「有」，而有些則處於隱然的狀態，稱為「空」，但「空」在這裏並非無自性的意思。「即」是指處於隱然狀態的因素，順隨處於顯然狀態的因素，所以「即」具方向性，「空即有」，不能「有即空」，這就是「相即」。處於顯然狀態的因素具帶領的作用，這是「有力」，而處於隱然狀態的因素則具輔助的作用，這是「無力」，無力的一方「入」有力的一方，或說有力的一方「攝」無力的一方，這就是「相入」。

「相即相入」的邏輯可以應用於現象界的事物，那就是「六相圓融」，每一個事物跟組成它的部分都是圓融無礙的。「六相」是指總相、別相、同相、異相、成相和壞相，分為三組，總相和別相一組，同相和異相一組，成相和壞相一組。

以一座建築物為例，建築物本身就是總相，而構成建築物的部分如柱、牆、門、窗等就是別相；各部分相同的地方就是同相，而它們各自差異之處就是異相；各部分組成此建築物為成相，而建築物解體為各部分則是壞相。

「法界緣起」也可以藉「四法界」來說明其圓融無礙的意義，「四法界」指事法界、理法界、理事無礙法界、事事無礙法界。

事法界是現象界的事物。理法界指事物的本質為「空」，空就是真理。理事無礙的意思是現象與真理是不離的，空不是獨立於事物而存在，正因為

事物是空，生成變化才得以可能；如果事物不是空，即有自性，則事物必會互相妨礙，亦無變化可能。至於事事無礙法界，是佛在三昧中所見的現象世界，那是從理想角度投射出來的，事物之間都是圓融無礙、和諧並存、莊嚴崇高的，這正是法界緣起的境象。當然，從凡夫的角度看，現象界的事物往往互相妨礙。

四法界 VS 五教

華嚴宗認為圓教屬事事無礙的思想，其餘三法界跟四教亦有對應關係。

理事無礙法界	終教	
事事無礙法界	圓教	
事法界	小教	
	有宗	始教
	空宗	
理法界	頓教	

修行論：消除迷妄，恢復人的圓明自性

華嚴宗的修行理論十分複雜，以《華嚴經》本身為例，就有以菩薩十地（大乘佛教術語，指修菩薩行者在修成十信、十住、十行、十回向後所進入的位次）為中心，配合普賢行願（即禮敬諸佛、稱讚如來、廣修供養、懺悔業障、隨喜功德、請轉法輪、請佛住世、常隨佛學、恆順眾生、普皆回向），有禮佛、懺悔、供養等等的實踐；而法藏對於成佛的根據和修持的方法、階段和時間又有體系性的說明。法藏晚年有一本著作，叫作《妄盡還源觀》，講述有關修行的理論，書中總結了華嚴宗修行的方法，主旨是妄迷盡滅，恢復圓明的自性。

法藏以「法界緣起」為根據，將華嚴觀法分為六種法門，就是「顯一體」「起二用」「示三遍」「行四德」「入五止」「起六觀」，前三門是顯示眾生有修習妄盡還源的條件，後三門是正面的修習法門，其中最重要的是第五和第六門，稱為「五止六觀」。

顯一體是說明眾生本來具有圓明自性；此圓明的心體能起二用，那就是「海印三昧」和「華嚴三昧」，前者是如來境界，後者是菩薩境界；此二用能周遍法界，周遍有三種，一是「一塵普周法界遍」，二是「一塵出生無盡遍」，三是「一塵含容空有遍」，主旨是說明事物與本體的關係、事物之間的關係，以及事物與空、有的關係。

依一塵能遍而修四德，一是「隨緣妙用無方德」，因應眾生的差異而施利；二是「威儀住持有則德」，做住持要有威儀，守護佛教的禁戒；三是「柔和質直攝生德」，以柔和、正直攝化眾生；四是「普代眾生受苦德」，以慈悲之心救贖受苦的眾生。在這四德的基礎上，才有資格修止觀。

「止」是停止思慮，將心念定於一境。「入五止」對應五種對象，分別是

事法、入身、萬物生起、心、理事的關係。

　　依止起觀，分為六觀，前三觀跟理事無礙有關，涉及心與境、空與有的關係；後三觀則跟事事無礙有關，涉及一與多、主與伴的關係。

　　妄盡還源觀以顯一體為始、起六觀為終，目標是消除迷妄，還源心體。這種修心的觀念啟發了後來的宋明理學，就連天台宗亦受其影響。宋代時天台宗有山家和山外兩派之爭，山家派的知禮（960─1028）指摘山外派受華嚴宗影響，將「一心三觀」的「心」視為「真心」，山家派認為，此「心」應是「妄心」，因為佛性也有「惡」的因子存在。

「起六觀」升起的是哪六觀？

攝境歸心真空觀	萬法唯心，心外無境，境本為空；止息分別，悟平等真空
從心現境妙有觀	觀真如起現萬法，修行成就報身
心境秘密圓融觀	觀無礙心和無礙境，法身和淨土無礙，彼此圓融
智身影現眾緣觀	觀佛智照現眾生，令眾生受益
多身入一鏡像觀	觀多身入一身，如鏡現象，事事無礙
主伴互現帝網觀	觀一法為主，一切法為伴，主伴互現，無窮無盡

華嚴宗的修行理論很複雜，不容易理解，但重點在於精神集中，控制自己的心。

4 三大流傳至今的佛教宗派
禪宗、淨土宗、密宗

　　禪宗是繼天台、華嚴之後的重要佛教宗派，天台和華嚴已經是圓教，即圓滿的教法，在義理上已無進一步的發展，而禪宗的特別之處則在於實踐方面。天台和華嚴都有着龐大的思想體系及嚴密的修持理論，但流於繁瑣，反而不利於實踐，禪宗正好在這裏有所突破。禪宗的特色是「不立文字，教外別傳，直指本心，見性成佛」，所謂「不立文字」並不是不要文字，而是不受文字的束縛；「教外別傳」也不是脫離佛教，而是不受經典的限制。對禪宗來說，「覺悟」才是最重要的，「悟」是由「吾心」所組成，即認識己心要靠內在的反省。

　　禪宗屬於如來藏自性清淨心這個系統，強調「明心見性」，跟華嚴宗所講「妄迷盡滅，恢復圓明的自性」的主旨差不多，尤其是達磨（？—530）開創的早期禪宗，也是主張將客塵（指塵世的種種煩惱）清除，恢復本來的自性。不過到了六祖慧能（638—713）時，禪宗分裂成南北兩派，北宗禪大致繼承達磨的思想，但慧能的南宗禪則強調平常心是佛，將妄心頓然轉化，不一定需要透過坐禪、懺悔、禮拜、念經等修持的方法；重點是向內尋回自己的本心，即使在日常生活中也可以悟道，開出了簡易的修行方法，令禪宗深入民間。為方便區分，一般將達磨的禪法稱為「如來禪」，將慧能的禪法稱為「祖師禪」。

　　淨土宗也是一個廣受中國民間信仰的佛教宗派，淨土宗強調念佛可以得救，比禪宗更簡單易行。禪宗雖簡易（特別是南宗禪），但並不保證悟道，因為畢竟要依靠自己的力量，的確不容易；相比之下，淨土是易行道，禪宗反而是難行道。也可以說，禪宗是自力，淨土是他力，念佛是依仗阿彌陀佛的願力，死後可往生淨土繼續修行，對普通人來說，淨土的確更有吸引力，因為只需付出最低的成本，卻可得到最大的收益，難怪淨土宗是最多人信仰的佛教宗派。

除了淨土宗之外，密宗是另一個活躍至今的佛教宗派。由於密宗的儀軌是秘密進行的，口訣又不能公開傳授，所以密宗常給人神秘的感覺。密宗之所以廣受歡迎，一方面由於有所謂秘密法門，能快速成佛（亦稱「即身成佛」），「效率」和「回報」比淨土宗還要高；另一方面它又近乎有求必應，如想求名利，有增益法；不想捨離性慾，又有雙修法。但從其他佛教宗派的角度看，密宗肯定「性交」是修行的一種方法，就有可能導致「亂搞男女關係」的後果，因此密宗有時甚至被視為邪魔外道。

禪宗 VS 淨土宗 VS 密宗：「投入」「回報」大比較！

主旨	實踐	程度	效率	回報
禪宗	明心見性	簡易	低	更高
淨土宗	一心念佛，死後往生淨土	最簡易	高	高
密宗	即身成佛（快速成佛）	複雜	低	最高

跟着我可以快速成佛，不用等死後了，回報最高啊！

南無阿彌陀佛

禪宗 放下屠刀，立地成佛

淨土宗 一心念佛，死後往生淨土

密宗 即身成佛

達磨的如來禪：修行的重點在於覆蓋自性的煩惱

達磨是印度人，於南朝梁武帝時經海路來到中國傳教，但跟梁武帝不投緣，於是轉到少林寺面壁修行。達磨以《楞伽經》為宗，強調成佛的基礎在於人本有的如來藏自性清淨心，而修行的重點在於清除覆蓋自性的煩惱，貪、嗔（恚）、癡為三毒，乃煩惱的主要來源。

達磨的著作不多，比較重要的是《二入四行》，「二入」是兩條進入真理的途徑，「四行」是四種修行的方式。「二入」是理入和行入，「理入」是從道理上把握真理。對此，達磨採用壁觀作為精神集中的方法，目的就是捨妄歸真，清除客塵，顯現真性。

「行入」包括四行，即四種實踐：報怨行、隨緣行、無所求行以及稱法行。報怨行是指過去世所作的惡行會產生今生不如意的事，所以我們應以忍辱的態度來對待；隨緣行是指一切遭遇都是因緣而定，對於名利和得失都不應計較，應保持內心的平衡；無所求行是指不應對外追求，要明白緣起性空的道理；稱法行是指跟真理相應之行，那就是利他，教化眾生。

相比之下，前三行屬於自處，是消極的，要忍辱、隨緣和無所求；第四行則是涉及待人方面，是積極的，要利益眾生。

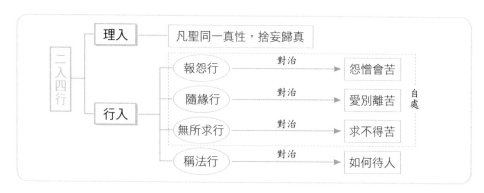

達磨傳法給慧可（487—593）之後，禪宗一直是單傳，直到四祖道信（580—651）時，才建造寺院，成立僧團制度，使禪宗面向社會。

雖然道信還是繼承達磨的如來禪，但有一點不同，就是由達磨強調的「自性」走向「真心」，較重視主體方面。道信說：「心本來不生不滅，究竟清淨。」（《入道安心要方便法門》）

到了五祖弘忍（602—675），更加重視「心」的能動性，改授《金剛經》，這方面由慧能所繼承，開創了有異於「如來禪」的「祖師禪」。

禪宗的傳承：從「如來禪」到「祖師禪」

■ 慧能的祖師禪：覺悟不過是剎那間的事

要了解慧能「祖師禪」和達磨「如來禪」的分別，最便利就是比較慧能和神秀悟道的兩首偈子。話說弘忍要找繼承人，誰最有資格接受衣鉢呢？當然是悟道者，於是弘忍命弟子作偈以展示自己的悟境。只有神秀和慧能作了偈，神秀說：「身是菩提樹，心如明境台。時時勤拂拭，勿使惹塵埃。」慧能則說：「菩提本無樹，明境亦非台。本來無一物，何處惹塵埃？」很明顯，慧能的偈是針對神秀而作，弘忍亦認為慧能更勝一籌，於是將衣鉢傳給他，並着他往南方去，到時機成熟才出來傳道。

神秀和慧能的兩首偈，正好分別闡明了「如來禪」和「祖師禪」的精髓。「如來禪」認為我們有一超越的清淨心，但受到外在經驗的污染，只要時時修行、反省，就能清除這些污染，顯現真心，這是漸修。「祖師禪」卻認為心靈根本就不是一個固定的對象，覺悟不過是剎那間將污染的心轉化為清淨之心，這就是頓悟。慧能說：「凡夫即佛，煩惱即菩提。前念迷即凡夫，後念悟即佛。前念著境即煩惱，後念離境即菩提。」（《六祖壇經·般若品》）

不過，慧能並沒有否定「漸修」，正如他說：「本來正教，無有頓漸。人性自有利鈍，迷人漸修，悟人頓契。自識本心，自見本性，即無差別，所以立頓漸之假名。」（《六祖壇經·定慧品》）由此可見，漸修和頓悟只是兩種不同的實踐方法；不過，後來慧能的弟子神會（686—760）為了爭取禪宗正統地位，就批評北宗禪的漸修方式是錯誤的，引起了漸、頓之爭。

慧能出身貧苦，未上過學，但他天資聰穎，聽《金剛經》的「應無所住而生其心」即有所悟，於是拜在弘忍門下。慧能不識字，由弟子記錄了他的法話，成書為《六祖壇經》。這是唯一不是佛說卻被稱為「經」的書，足可見慧能地位的重要。

　　慧能也有其所依的經典，那就是《涅槃經》和《金剛經》。《涅槃經》主張眾生皆有佛性，佛性就是成佛的根據，這屬於主體方面；而《金剛經》則屬於般若學，此經主張對世間採取不捨不離的態度，不執著於空、有二邊，這樣才可以做教化眾生、轉化世間的工作。將兩者結合起來就是祖師禪的特色，強調對世間不捨不離，發揮靈動機巧主體的妙用。正如慧能説：「於一切法不取不捨，即是見性成佛道。」（《六祖壇經・般若品》）

慧能主張如何修行？

以無念為宗，無相為體，無住為本。

無住 念頭不可能沒有，但心靈不要受縛於念頭，否則就會失去心靈的自由。

無念 不是沒有念頭，而是指不受念頭所指的對象束縛。

無相 即不取相，如實地了解事物無自性，便能體現「法體清淨」，「法體」即是真理。

　　慧能主張的修行方法可稱為「三無」，即「無念、無相、無住」，「三無」是互相關連的，並以「無念」為基礎，如果能實踐「無念」，則能做到「無住」和「無相」。

禪門五宗：臨濟宗、曹洞宗、溈仰宗、雲門宗、法眼宗

北宗禪經歷數代就失傳了，相反，南宗禪卻持續發展，對中國文化產生重要的影響。

慧能有五大弟子，分別是永嘉玄覺、南嶽懷讓、青原行思、南陽慧忠、荷澤神會。其中以懷讓和行思的影響力最大，開出了後來的禪門五宗：臨濟宗、曹洞宗、溈仰宗、雲門宗、法眼宗，應了「一花開五葉」的預言（一花是慧能，五葉就是五宗）。臨濟宗、曹洞宗和溈仰宗成立於晚唐，而雲門宗和法眼宗則出現於五代。五宗之中又以臨濟和曹洞最為重要，經歷了宋、元、明、清四代，在宋代還傳播到日本。臨濟宗出自懷讓的系統，而曹洞宗則出自行思的系統。

南宗禪的傳承

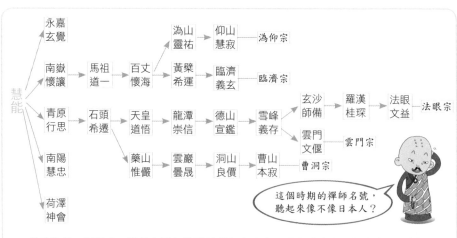

當時流行一個風尚，就是在禪師的法號前加上山名、地名或寺名，例如青原行思，行思是法號，青原是山名；又例如德山宣鑑，宣鑑是法號，德山是他的寺名。

在思想上，臨濟宗特別強調人的主體性，認為若人能樹立主體性，就能有真正見解，建立自信，不會受他人或外物的迷惑。依據這種對「真我」的了解，臨濟宗主張的理想人格為「無位真人」，「無位」是指從一切世俗名利、權位之類的東西中超脫出來，「真人」就是最純真狀態的人，這種理想人格不同於大乘佛教所講的「菩薩」，反而更接近道家所講的「真人」，難怪有人認為禪宗是披上佛教外衣的道家。

在實踐方面，臨濟宗屬於陽剛的風格，動作激烈，以「棒喝」聞名，這可以說是繼承馬祖道一的教法。「棒喝」不是隨便用的，要講「機用」，「機」就是對機，因應弟子的根器或問題而使用相應的方法，亦即因材施教。臨濟宗的開宗者義玄（？—867）就善用「喝」來接引弟子，令他們在剎那間開悟。

臨濟宗將人的根器分成四種，即「中下」「中上」「上上」及「出格見解」，因應不同根器而施以不同的教法，教法則涉及「境」（對象）、「法」（世界）、「人」（主體）三方面。「中下」即根器低的人，容易執著對象，但又會有厭世的心態，所以對應的教法是「奪其境而不除其法」。對「中上」者則「境、法俱奪」，讓他們明白「空」的真理。至於「上上」者，即根器高的人，對應的教法是「境、法、人俱不奪」，雖然「境、法、人」皆無自性，但它們的存在也有一定的規律和特性，根器高的人要認識這些規律才可以發揮效用。最後是「出格見解」，這是根器最高的人，沒有固定的教法，要隨機而用。

後來臨濟宗還發展出「公案禪」。公案是禪師悟道的個案，公案禪就是要參透這些禪師如何悟道。著名的公案有二祖慧可斷臂求道、六祖渡河等，要旨無非顯示悟道就是找回己心，並不是向外追求，正如孟子所說，「求其放心」，可是很多公案看起來只是禪師和弟子之間的「無釐頭」答非所問，不禁令人懷疑這些像猜謎的公案只是賣弄小聰明，根本沒有甚麼價值。「公案禪」正是禪宗沒落的明證。

曹洞宗由洞山良價（807—869）和曹山本寂（840—901）師徒倆合力開創，「曹洞」之名也是源自二人的名號。相比臨濟宗的陽剛性，曹洞宗就顯得陰柔得多，臨濟用棒喝，曹洞重坐禪；一個動，一個靜。坐禪即打坐冥想，曹洞的坐禪稱為「默照禪」，意思是在靜坐中默照自己內心的變化，淨化妄念，慢慢得到覺悟的智慧，這明顯是一種「漸修」，跟臨濟宗用「棒喝」令人在短時間激發智慧的「頓悟」不同，可見曹洞宗是重拾「如來禪」的教法。

在思想方面，曹洞宗的旨趣在於本體和現象的關係，可見於這段曹山跟弟子的對話：「於相何真？師曰：即相即真。曰：當何顯示？師提起托子。問：幻本何真？師曰：幻本原真。曰：當幻可顯？師曰：即幻即顯。」（《景德傳燈錄》）

「相」是現象界事物，「真」是「空」理，「空」理就是本體，「即相即真」就是說任何一個現象界事物都可以表現出「空」理，而「幻本原真」表示現象界事物雖是幻象（從緣起的角度看是無自性），但卻依於「空」理而成立，所以也有真實性，至於「即幻即顯」，則說明要在現象界才可體現「空」理，現象（幻）與本體（真）有一圓融的關係。

另外，曹山用「君臣五位」來說明本體和現象的關係，「五位」指君、臣、臣向君、君視臣和君臣合道。君代表普遍原理，臣代表個別事物，君臣的關係也就是理事的關係。君只有一個，這就是「空」理；臣是眾多，正如個別事物千差萬別；臣向君是臣要對君忠心，以君為依歸，所表達的意思是差別性的消除，歸向普遍性；君視臣是君要公平對待臣子，善用他們各自的特點來完成任務，所表達的意思是「空」理滲透到萬物之中，成就其差別性；至於君臣合道，指君臣和諧相處，所表達的意思就是理事無礙。

跟曹洞宗一樣，溈仰宗之名也是源於開創者的名號，因溈山靈祐（771—853）和仰山慧寂（814—890）師徒二人得名。溈仰宗的獨特之處就是將頓

悟和漸修結合起來，主張悟後起修，但只傳了三代就完了。

雲門宗也很注重「機用」，開宗祖師雲門文偃（？—949）就善以「一字」來回應弟子的問題，被稱為「一字關」，當中也有不少「無釐頭」的對答。

五宗之中，法眼宗成立得最遲，此宗注重善巧方便，兼收並蓄，第三代傳人永明延壽（904—975）著有《宗鏡錄》一書，這是一本很好的佛學導論，將唯識、天台、華嚴、禪宗及淨土的思想冶於一爐，但法眼宗也只是傳了幾代就完了。

臨濟四「喝」

一喝：如金剛王寶劍
作用：斬斷人在知解、文字、情感上的執著

二喝：如踞地金毛獅
作用：打破人的小聰明

三喝：如探竿影草
作用：探測人在修行上的進度

四喝：不作一喝用
作用：目的不是喝斥，而是無所為而為，令人的智慧更加暢順

淨土與密宗：念佛、念咒即可提升？

一般會以北魏時（相若於南朝梁武帝時）曇鸞（476—524）為淨土的真正立宗者，至於淨土宗所推立的祖師慧遠，跟曇鸞並沒有真正的傳承關係。

淨土宗以三經一論為宗，「三經」是《無量壽經》《觀無量壽經》及《阿彌陀經》，「一論」是世親的《往生論》，而淨土法門就是依阿彌陀佛四十八願中的第十八願「念佛往生願」，只要念阿彌陀佛的名號，死後就會得到阿彌陀佛接引，到其淨土「西方極樂世界」繼續修行。

淨土的修行只要念「阿彌陀佛」就夠了嗎？

信　深信念佛會在死後得到阿彌陀佛的接引，前往西方極樂世界

願　發願一心前往西方極樂世界繼續修行

行　念佛、拜佛、佈施、持戒、孝敬父母、印經、放生等

淨土雖是最簡易的修行，但也不單是念佛的名號，還要講求「信」「願」「行」三法。

　　淨土宗雖然被稱為「他力」，但也可依「自力」和「他力」的成分而分為三派。第一派是東晉時慧遠成立的白蓮社，慧遠雖然被推為淨土宗的始祖，但他強調念佛要達到一心不亂的境界，才可以得到「念佛三昧」的力量，正是這種禪定力令其死後得往西方淨土，這派可稱為「自力往生派」。第二派由北魏時曇鸞所確立，由隋代道綽及唐代善導繼承，這一派主張臨終時念阿彌陀佛的名號，依其願力往生西方淨土，這是名符其實的「他力往生派」。第三派由唐代慈愍慧日、宋代永明延壽及明代蓮池大師等人提倡，結合禪宗的自力和淨土的他力，稱為「禪淨雙修派」。

　　密宗是印度最後一個大乘教派，在唐玄宗時傳入中國，當時來了三位印度密宗大師，分別是善無畏（637—735）、金剛智（671—741）、不空三藏（705—774），一般稱為東密，以別於元朝時隨蒙古人傳來中國的西藏密宗（被稱為藏密）。到了明朝永樂時期，密宗由於過於怪異，被朝廷下令廢除，遂轉入民間，清代時再度傳入中國。

　　密宗的主要經典有《大日經》和《金剛頂經》。《大日經》以毗盧遮那佛（又稱為大日如來）為本尊，原理跟《華嚴經》的毗盧遮那佛一樣，乃法身佛，即不生不滅的本體，這本體是一顆清淨無垢的至善心體，亦即如來藏自性清淨心，由於受到無明煩惱的覆蓋，幻化出現象世界和一切眾生。

　　密宗認為，萬物是由「六大」所構成，六大是地、水、火、風、空、識，前五大屬於物質，第六大屬於精神。密宗的口號是「即身成佛」，先由修身開始，將四大（地、水、火、風）轉化，了卻身業，將心物還原到本體，得自性清淨。依密宗的說法，其他佛教宗派都是顯教，那是「應身佛」（即釋迦牟尼佛）的教法，而「法身佛」（即大日如來）所說的法則稱為密教，亦即密宗所傳的法。密宗稱顯教為權教，那是釋迦牟尼佛因應眾生的根器不同所顯現的不同教法，是漸教之法；而密教則叫作實教，主張三密修持法，三密即身

密、聲密和意密。

密宗認為人的身體跟法界（形上界）能夠互相溝通，只要經過特定的修持就能做到，人的十指對內通五臟六腑，對外則接通法界諸佛和菩薩，結手印的目的就是跟佛和菩薩溝通，可借助他們的神通力量修行。

東密的身密，注重的是「手印」，而藏密的身密，還主張修「氣脈」；前者跟道教的「捻訣」相若，後者跟道教的「奇經八脈」類同。聲密就是念「咒語」，密宗認為，特定的音符可以震動人體內的氣脈，啟發人的智慧和生命潛能。例如「唵」「啊」「吽」就是普賢菩薩的三字根本咒，而觀世音的六字大明咒則是「唵、嘛、呢、唄、咪、吽」，其中「嘛、呢、唄、咪」都是「啊」音的變化。三密中以意密最重要，因為無論是「結印」或「念咒」，都要靠意念發揮作用，意密就是集中意念，積極運用意念來達到預期目的。

「三密」修行法怎麼操作？

意密　觀想

聲密　念咒語

身密　結手印，修氣脈

「三密」是為了使身體內部跟法界聯繫起來，借助佛的力量了卻身業，啟發潛能，收速成之效，最終目的是即身成佛。

5 佛學的影響及其問題

　　作為一個外來宗教，佛教在中國的傳播可謂十分成功，完全融入中國文化，並植根於民間，中國人因果報應的觀念、不執著的態度，其實都是來自佛教。當然，佛教在融入的過程中，也不免跟中國本土的儒家和道教發生衝突，甚至遭遇「三武一宗」的排佛事件。

　　印度的小乘佛教向南傳播到斯里蘭卡、泰國等地，而大乘佛教則傳入中國，漢語化後再傳播到日本和朝鮮等地。在中國宋代時，由於印度受到伊斯蘭教的入侵，佛教已經絕跡，全靠中國將佛經譯成漢字，在漢字文化圈中傳播，大乘佛教才得以保存。

　　中國佛教有所謂八大宗派：三論宗、法相宗、天台宗、華嚴宗、淨土宗、禪宗、律宗、密宗。除了律宗之外，其餘的本書都交代過。律宗專研戒律，也以此作修持的法門，在思想上無創見。

　　唐代是佛教的鼎盛時期，天台、華嚴、禪宗、淨土、密宗都曾盛極一時，後來天台和華嚴式微，一直傳到清代的只有禪宗、淨土和密宗。但論影響的廣度和深度，還是以禪宗為首，一方面它的簡易性深入人心，另一方面它顯示出中國哲學的特質，那就是心性的主體自由，這對宋明理學的啟發自不在話下，就連文學藝術也深受影響，出現了禪畫和詩詞。例如蘇軾的作品：「橫看成嶺側成峰，遠近高低各不同，不識廬山真面目，只緣身在此山中。」這種既平實又空靈的思想，從此成為中國文化的一部分。

「三武一宗」：中國歷史上的四次排佛事件

	朝代	發動者	影響
魏武法難	北魏	太武帝拓拔燾	屠殺僧尼，焚毀佛經、佛像，魏國境內的寺院無一幸免。
周武法難	北周	周武帝宇文邕	以屠殺僧尼和焚毀佛經等極端手法來解決社會問題
會昌法難	唐代	唐武宗李炎	佛教受到嚴重打擊，很多宗派走向衰落，唯禪宗繼續發展。
後周法難	後周	周世宗柴榮	只是整頓佛教，保留了一定數量的寺院與僧尼。

　　佛教被譽為最有智慧的宗教，佛學思想體系也可媲美西方的觀念論；不過，在此筆者也想對佛家思想作出批評，主要批評其義理，而不是修行部分。

　　第一是有關「空」和「本體」的問題。根據佛家的說法，空是無自性，自性是獨立自存，並且不滅的，所以無自性就是沒有獨立自存及不滅的東西，佛家既說萬物皆空，那就應否定本體的存在，因為本體正是獨立自存及永恆不變的，並且是生成現象界事物的根源；但佛家又有法身的概念，法身的意思跟本體相若，這似乎存在矛盾。

　　不過，有些說法認為「空」就是本體，正由於「空」理存在，萬物的生成變化才成為可能，但若說法身就是空，似乎又違背了僧肇所理解的「空」。

　　第二是有關「佛性」的問題。佛性是成佛的基礎，眾生皆有佛性，眾生是指有情生命，包括人及其他生物；但有時佛性又會用作本體義，萬物皆是佛性的顯現，萬物都有佛性，就連石頭也有佛性。例如天台宗中興者湛然就主張「無情有性」，石頭雖沒有生命，卻有佛性，這明顯跟眾生有佛性之說矛盾。但如果說本體義的「佛性」跟主體義的「佛性」是兩個不同的概念，那就很容易產生概念混淆的問題。

　　第三是有關「三乘歸一」的問題。天台宗認為一乘（佛乘）才是真實的，三乘只是方便，筆者並不同意這種說法。不錯，人是有成佛的可能，但並不表示不存在不同的覺悟階段，羅漢有四階位，菩薩也有十階位，這些都是對應覺悟程度的修行階段，在實踐上反而是真實，所以筆者認為三乘才是真實的，一乘只是方便。要成佛其實是很困難的，正如佛陀所講，要經過多生累劫，而且時常有退轉的情況出現，像有些所謂「本覺思想」，說我們本來就是佛，這些討好人的說法當然受大眾歡迎，但卻有誤導之嫌，令人忽視修行。

　　理論上，禪宗的「明心見性」和密宗的「即身成佛」是有可能的，但實際上恐怕沒有一個人真的憑此成佛。筆者反而較欣賞神秀「時時勤拂拭，勿使惹塵埃」的修行工夫，做人還是老實一點好。

佛教的十三個宗派

宗派	立宗時期	教義		規模
成實宗	東晉	小乘		沒有固定的寺廟和明顯的傳承，只是不同地方的僧人共同研究某部經典。
俱舍宗	南朝陳文帝時			
地論宗	南朝梁武帝時	有宗		
攝論宗	南朝陳文帝時			
涅槃宗	東晉	佛性		
律宗	南朝梁武帝時	注重修持儀式	大乘	有固定的寺廟和明顯的傳承，有所宗的經典及具體的主張，排他性較強。
淨土宗	南朝梁武帝時			
密宗	唐朝玄宗時			
三論宗	東晉	空宗		
法相宗	唐朝太宗時	有宗		
天台宗	隋朝	佛性		
華嚴宗	唐朝太宗時			
禪宗	南朝梁武帝時			

如果不計算格義時期的六家七宗，在中國成立的佛教宗派總共有十三個。

煉精化氣，煉氣化神，煉神還虛。

——陳摶

第四章

道教思想：中國傳統文化的大鎔爐

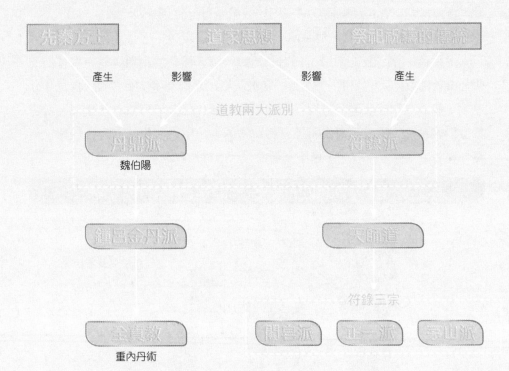

先秦方士　　　道家思想　　　祭祀祝禱的傳統

産生　　　影響　　　　影響　　　産生

道教兩大派別

丹鼎派　　　　　　　　符籙派

魏伯陽

鍾呂金丹派　　　　　　天師道

符籙三宗

全真教　　　閣皂派　正一派　茅山派

重內丹術

　　道教主要分為兩大派別：丹鼎派和符籙派，丹鼎派由先秦的方士演變而來，主張修煉吃了令人長生不死的仙丹；而符籙派則繼承祭祀祝禱的傳統，發展為畫符念咒、驅神役鬼的道術。至於老莊的道家思想，跟方士之術比較接近，先秦道家以養生適性為主，追求精神的解脫；而先秦的方士則偏重於丹藥，追求的是長生不死，兩者在漢朝之後慢慢融合，形成了所謂的神仙道教，這與由祭祀祝禱發展而成的民間宗教組織可以說是早期道教。

　　道教的演化可分為三個時期，第一個是草創時期，是在東漢末年，出現了「太平道」和「五斗米道」等宗教組織。第二個是成型期，是在魏晉南北朝，由於佛教傳入的刺激，「本土」意識萌發，人們為了抗衡佛教而自覺建立道教，寇謙之和陸修靜等人對早期的道教組織和經典進行改革及整理，使道教得以體系化，變成了可跟佛教分庭抗禮的本土宗教。第三個是發展期，所謂「發展」主要是吸收儒、佛兩家為養分，進行自我更新。

方士：是神神叨叨的騙子，還是古代的科學家？

　　「方士」一詞總給人輕蔑之感，可能由於秦皇漢武都曾被這些聲稱能尋得仙藥的方士欺騙。其實先秦的方士正是古代的科學家，他們研究天文、地理、藥物等等，只不過在以後儒家獨尊的傳統裏，往往被視為「小道」，甚至被斥為「奇技淫巧」。

1

從「造反預備隊」到正規的宗教組織

道教的草創期

　　黃老之學盛行於漢初，本為官方的治國之學，但慢慢融入民間，發展為黃老道，老子被神化，變成了被祭祀的對象；加上漢武帝求取長生不死之藥，所謂「上行下效」，連民間也流行起成仙之説。大儒劉安著有《列仙傳》，王充亦對「成仙之説」進行批評，可見神仙信仰在當時十分普遍。先秦的方士，在漢代演變為道士，他們隱居於山林，煉製丹藥以求長生不死，其中比較著名的有魏伯陽。而東漢末年政治腐敗，天災連年，人民生活痛苦，一些民間宗教組織乘勢而起，有的成為地方割據政權，有的更意圖謀朝篡位，欲滅漢而代之。

　　本節我們主要討論漢末的兩個早期道教運動：太平道和天師道，及魏伯陽的煉丹之説；不過，以下先釐清一下道家和道教的分別。

道教與道家：一個是宗教組織，一個是哲學思想

　　道家的創始人是老子，道教一般也會奉老子為教主，把他説成是道的化身，英文的 Taoism，既指道家，亦指道教，而事實上，在漢代並沒有道家和道教之分。但道家原是哲學思想，而道教則是宗教組織，性質本來不同，老子的道家跟後來的道教可以説是兩回事，而且兩者在思想上更存在着矛盾：道家講的是順其自然，生死只是自然的變化，故不應執生惡死；道教卻要追求長生不死，根本就是違反自然。難怪勞思光先生説道教是道家思想的歪曲和變形，而並非是一種發展。

　　不錯，道教是改造了道家的思想，但問題是，這種改造是否毫無根據，乃任意妄為呢？老子和莊子都有「養生」的觀念，即延長生命，老子説：「谷神不死，是謂玄牝。玄牝之門，是為天地根。緜緜若存，用之不勤。」（《老子‧第六章》）老子講的養生是透過「養神」而達致，莊子也有「養神」之説，

原理是忘物忘身，視生死如一，修行方法有「心齋」和「坐忘」。除了「養神」之外，莊子亦有「養氣」之說：「真人之息以踵，眾人之息以喉。」（《莊子‧大宗師》）「息」即呼吸。莊子還說：「緣督以為經，可以保身，可以全生，可以養親，可以盡年。」（《莊子‧養生主》）莊子這種「養氣」的修煉方法，可能是受了當時方士的影響，孟子也有「養氣」之說。至於由「養生」到「長生」，相信跟莊子後學的思想有關，一般認為，《莊子》一書的〈外篇〉和〈雜篇〉是莊子後學所寫，例如：「无視无聽，抱神以靜，形將自正。必靜必清，无勞汝形，无搖汝精，乃可以長生。目无所見，耳无所聞，心无所知，汝神將守形，形乃長生。」（《莊子‧在宥》）《莊子》這種「長生」是通過內修而成，跟主張服食丹藥的方士仍有所不同，但這代表一個轉折，道家後學由此轉入神仙之學，在魏晉之時，慢慢形成一種宗教，稱為神仙道教，流行於江南的知識分子中。

哲學與宗教如何解答生死問題？

哲學

強調思辯，用智慧來克服死亡

宗教

訴諸信仰，為我們指引死後的去向

最初的哲學和宗教都是為了解答生死問題而出現，只是方法不同。

太平道：一個企圖染指政治的宗教軍事組織

太平道是東漢末年由鉅鹿人張角依《太平經》所創立，以治病傳教。太平道認為人生病是由於道德上犯錯，所以要教徒叩頭思過，再以符水治病。東漢時宦官和外戚爭權，朝政敗壞，到了東漢末年，天災瘟疫頻生，以致民不聊生，以治病傳教的太平道得以快速發展。張角自稱「大賢良師」，派出八大弟子四出傳教，十幾年間就聚集了信徒幾十萬。張角將其勢力範圍劃分為三十六方，「方」即教區，大方有一萬多人，小方也有六七千人。太平道其實是一個宗教軍事組織。張角認為漢朝氣數已盡，欲取而代之，於是利用五德終始、朝代交替的理論，宣告「蒼天已死，黃天當立」，發動革命。起事的信徒頭戴黃巾，故史稱「黃巾之亂」。雖然太平道的叛亂被鎮壓下來，但經此一役，漢王朝也元氣大傷，最終難逃滅亡的噩運。自此之後，民間宗教組織的起事時有出現，由公元 3 世紀到 15 世紀，就有八次以「李弘」之名發起的叛亂發生，而李弘據說就是老子的化身。

《太平經》是太平道的經典，據說最早的《太平經》出現於西漢，由甘忠可所作，而今本的《太平經》則出於漢順帝之時，此書來自于吉（一作「干吉」），由他的弟子宮崇獻給朝廷，後來此書流傳到民間，為張角所得。此書原有一百七十卷，現存的殘本只有五十七卷，其主旨是帶來國家和個人的「太平」，方法是以「三一為宗」，「三」是指陰、陽和中和三氣，三氣相合就是太平之氣。在個人層面，那就是精、氣、神三者合一，達致長生；在社會層面，那就是君、臣、民三者合一，達致太平。《太平經》所講的「神」能自由進出人的身體，其中最重要的有司過神和五臟神，司過神負責監察人的過失，五臟神跟人體五臟聯繫，也有司過的功能。精、氣、神合一也可以理解為形神相合，具體的方法有「守神」「致神」和「還神」三種，其中以「守神」

為首要，又稱為「守一」。不過，《太平經》講的「長生」可能只是延長生命，對成仙之法並不大重視，而行氣和房中術亦是達致「長生」的方法。

《太平經》還有一個很特別的觀念，叫作「承負」，意思是一個人的遭遇會受先輩的行為所影響，如果先輩做了惡事，後輩也要承擔惡報，這是一種不同於佛教的報應觀。承負之說，在於勸戒人行善去惡，不只是為了自己，也是為了後輩。

關於崇拜的對象，《太平經》是儒、道並尊，並依據其跟「天」的密切關係，分為六等，各有其主，但當然是道家的真人和仙人高於儒家的聖人和賢人，這亦可說是修道的階梯，也為以後道教發展出來的神仙世界定下基礎。

《太平經》的修道階梯

神人　主天

真人　主地

仙人　主風雨

道人　主教化吉凶

聖人　主治百姓

賢人　輔助聖人，管理萬民

※ 天師道：重思過、用符咒的民間宗教組織

差不多在太平道興起的同時，在四川巴蜀之地，出現了另一個早期的道教組織，由於教民要交付五斗米，故稱為「五斗米道」，又名「天師道」。

「天師道」的創始人是張道陵（34—156），他是漢初名臣張良的九世孫（另一說是八世孫），據說他在蜀中的鶴鳴山修煉，得太上老君感召而創教。雖然「天師」之名出於《太平經》，但天師道所宗的經典是《老子想爾注》，這是張道陵對《老子》一書的注解，也可以說是對老子思想的改造。《老子想爾注》認為老子就是道，道生一，氣聚為太上老君，這正是對老子的神化。該書對「守一」的解釋不同於《太平經》，認為「守一」不是修煉，而是遵守教規。

跟太平道一樣，天師道也是以治病傳教，要教徒「思過」，即反省自己的罪過，並修築道路，然後天師就會用符咒、寫三官書，要求三官驅除病人體內的惡鬼。

張道陵死後，天師之位傳給其子張衡，後其孫張魯繼位，此時張魯已經在漢中地區建立了獨立的政權，政教合一，達三十一年之久，直到曹操領兵討伐為止。

張魯將其統治之地劃分為二十四個教區，稱為「治」，教區設有「祭酒」一職，是教區的領袖，負責管理區內的教民，設置義舍和義米，方便過路的行人。教區也設有「靜室」，給教民作思過之用，而祭酒也會做祝禱的工作。每年的三會日，即正月七日、七月七日、十月五日，教民要到所屬的治聚會，報告最新的戶籍狀況。

張魯投降曹操之後，連同部分教民移居北方，天師道也開始北傳，並進入知識分子階層。後來張氏子孫遷居江西龍虎山，天師一職亦一直世襲下

去。跟太平道一樣，天師道認為行善可增壽，作惡則會減壽，但對成仙之說並不大重視。

天師道的架構

新入教的教民稱為「鬼卒」，累積一定的功德可以受道籙，有不同的階段，由十將軍到一百五十將軍，再晉升便是「散氣道士」，可擔任傳道的工作，進一步升遷就是「祭酒」。祭酒也有不同的等級，如陽平治、鹿堂治、鶴鳴治等。最高的職位是天師，但都是世襲或由皇帝冊封。

◾ 魏伯陽：用《周易》來說明煉丹原理的高人

魏伯陽的生卒日期不詳，但相信也是東漢末年之人，他整理了之前的煉丹知識，並結合《周易》、老子和莊子的思想，寫成《參同契》一書，此書一直被奉為煉丹術的經典，魏伯陽亦被尊稱為「火龍真人」。

簡單來說，魏伯陽是用《周易》的象數之學來說明煉丹的原理。魏伯陽認為，宇宙就是一個八卦系統，人的身體也是一樣，如能將宇宙運行的原理應用到人身上，達致寶精、行氣和全神，就可以煉成金丹，長生不死，後世稱這為「內丹」，即精、氣、神三者合一。此外，還有用爐鼎煉製成仙之藥，後來稱為「外丹」；不過，應以內丹為外丹的基礎，若沒有修煉內丹，只是服用外丹是沒有效的，而且還很危險，隨時會中毒身亡。內丹之學跟道家的內修有關，而外丹之學則傳自先秦的方士。

先天八卦圖以乾、坤二卦為主，代表的是宇宙之體；後天八卦圖則以坎、離二卦為主，代表的是宇宙之用。乾坤是定位，坎離是動位。離屬陽，離卦陽中有陰；坎屬陰，坎卦陰中有陽，陰陽相交，萬物生矣。離坎二卦，在天代表日月，在地代表火水，日月交替，水火相克，這就是萬物運行的法則。所謂「修煉」就是要掌握這些法則，回復先天的永恆生命，這就是老子所講：「反者，道之動。」（《老子‧第四十章》）魏伯陽則說：「反者，道之驗。」（《參同契‧關鍵三寶章》）以寶精和行氣為例，就是以「反」為修煉的原則，「精」可以指男性之精，本來是作生育之用，所謂「寶精」就是性交時避免射精，還精補腦，這跟房中術有關；而「行氣」則是指呼吸方面的修煉，本來我們呼吸是用鼻子，行氣就是要返回胎兒狀態，不用鼻子呼吸，稱為「胎息」，目的是培養元氣。

在人體之中，乾坤代表頭腹，坎離則代表耳目，修煉先要固定頭腹，再

制定耳目，養氣存神，回復先天的生命。乾、坤、離、坎這四卦跟修煉外丹也有密切的關係，乾坤代表爐鼎，乾為上釜，坤為下釜；坎離代表藥物，坎為鉛，離為汞（即水銀）。鉛屬陰，遇火熔成白色液體；汞屬陽，遇火升華。

《參同契》以陰陽的消長來說明年、月、日的變化。一日可視為日月的交替，每日有十二個時辰，子時一陽生，隨之陽氣上升，到午時陽氣最盛，然後陰長陽消，到亥時陰氣最盛。月的圓缺也可以如此解釋，每月初一，日完全為月所遮蔽，所以看不到月光，稱為「朔」，但陽氣已開始上升；初七是「上弦」，我們可以見到半邊月；到了十五，日月不相遮，看到全月，稱為「望」；隨之陽消陰長，二十二是「下弦」；到了三十，陰氣最盛，稱為「晦」。一年有十二個月，分為四季，夏至是陽氣之極，日照最長，隨之陽消陰長；冬至是陰氣之極，日照最短，隨之陽長陰消，《參同契》也將十二個月配以卦象，稱為十二辟卦。

八卦與人體

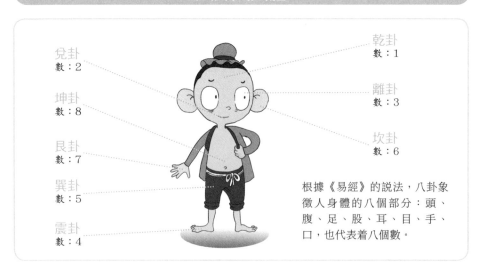

兌卦
數：2

坤卦
數：8

艮卦
數：7

巽卦
數：5

震卦
數：4

乾卦
數：1

離卦
數：3

坎卦
數：6

根據《易經》的說法，八卦象徵人身體的八個部分：頭、腹、足、股、耳、目、手、口，也代表着八個數。

道教的成型期

從畫符念咒到煉丹成仙，再到修煉系統化

正如前面所說，道教可分為丹鼎和符籙兩派，我們大致可以將太平道和天師道歸入符籙派，因為它們都重視畫符念咒，倚靠鬼神的力量，較少關心煉丹成仙；而魏伯陽則被歸入丹鼎派，因為他所著的《參同契》正是要說明煉丹的原理，人可以依靠自己的努力修煉成仙。

本來這兩派是各自發展的，例如，天師道是一宗教組織，有廣大的民眾基礎；煉丹的道士，則多是師徒式的傳承。到了魏晉南北朝，這兩派開始融合，慢慢形成今天道教的雛形。

本節主要講述幾個對道教改革有重要貢獻的人物，他們就是東晉的葛洪、北朝的寇謙之及南朝的陸修靜和陶弘景。經過他們的努力，道教變成了一個有規模和戒律的宗教，一洗「教匪」「米賊」之名，並為官方接受。

丹鼎派 VS 符籙派

葛洪：研究煉丹、追求成仙的「煉金士」

晉室東渡後，天師道傳到江南，此時江南已有神仙道教的傳統，葛洪即信奉這個傳統。葛洪是繼魏伯陽之後，又一個著書闡釋煉丹術的重要人物。葛洪（283—363）是晉代人，學道於鄭隱，鄭隱則學道於葛玄，而葛玄正是葛洪的堂祖父，葛玄學道於左慈，左慈乃曹操時代的有名的道士。

葛洪反對那些以道教之名作亂的民間組織，稱之為「妖道」，也不滿早期道教的政治色彩，他認為道民也應遵守儒家所講的倫理綱常，不應造反。

葛洪一生研究煉丹之術，外號「抱朴子」，其書亦以此為名。《抱朴子》分為內篇和外篇，內篇主要討論煉丹成仙、辟邪消災和鬼怪等道教內容，外篇則講儒家治國平天下的思想。

雖然魏晉時期神仙之說很盛行，但知識分子多喜歡玄談，探討形而上之理，對於成仙或鬼神之說並不十分重視，例如向秀就否定神仙的存在，因為沒有人親眼見過，聖人也沒有說過。而嵇康雖然承認有神仙，但認為神仙並非普通人努力可修煉成的。

有見及此，葛洪不但要論證神仙的存在，並且力言任何人通過努力也可以成仙，反對「仙人有種說」，更著有《神仙傳》，列舉成仙之士。

至於成仙的方法，葛洪認為「寶精」和「行氣」等內修之法只能令人長壽，要真的成仙，還要靠「服一大藥」，那就是「外丹」。

葛洪將藥物分作三種，下藥治病，中藥養生，上藥不死，上藥就是「大藥」。

用草木做成的藥物只能治病和養生，而上藥是用礦物做的，這些礦物依次為丹砂、黃金、白銀、五芝、五玉、雲母、明珠等不朽之物，其中以丹砂和黃金最重要，也正是葛洪所講的「還丹金液」。

世上到底有沒有神仙？

葛洪針對一些沒有神仙的說法進行了反駁：

| 理由 | 事物有始有終，有生必有死，所以人必會死，又何來長生不死呢？ |
| 反駁 | 普遍而言是對的，但並非絕對，因為事物也存在差異性。恰當的處理可使事物變得長久，例如木會腐爛，燒成木炭就可存放很久。 |

| 理由 | 人的命是由出生時所稟承的氣而定，氣盡則人亡。 |
| 反駁 | 可以通過後天的努力，內修外藥，補充和減少消耗，養氣以達致長生。 |

| 理由 | 沒有人親眼見過神仙。 |
| 反駁 | 世界之大，無奇不有，人的知識和經驗都有限。況且，書本上也有神仙的記載。 |

我還能說甚麼呢？

| 理由 | 孔子沒有說過有神仙。 |
| 反駁 | 孔子也沒有說過沒有神仙。 |

孔子

葛洪說：「夫金丹之為物，燒之愈久，變化愈妙。黃金入火，百煉不消，埋之，畢天不朽。服此二物，煉人身體，故能令人不老不死。」（《抱朴子‧金丹》）丹砂其實是硫化汞，暗紅色，火燒遇熱變回汞，再燒就變成氧化汞，也是暗紅色，故稱為「還丹」；至於「金液」，就是「液化」黃金。葛洪相信，將這些不朽之物轉移到體內，就能堅固血脈，最後達致長生不死。

在當時，天然的黃金很少，所謂「黃金」其實是由青銅煉成。後來，中國的「煉金術」經阿拉伯傳到歐洲，當然，這是後話了。

雖然成仙要靠服用丹藥，但葛洪指出，行善積德也很重要。他將道術分為兩大類，一類是「內修形神，使延命癒疾」，這包括以上所講的還丹金液及寶精行氣；另一類是「外禳邪惡，使禍害不干」，這包括守一、符籙、厭劾（用巫術驅鬼除邪）、變化等等，目的是防止外界的侵害。除此之外，《抱朴子》也論及其他道術，例如輕身、隱身、刀槍不入、水火不侵等等。

葛洪一生研究成仙之藥，但究竟他是否成功，並羽化升仙呢？晚年他隱居於羅浮山，死時八十多歲，據說當時他身體柔軟，面色如生，道教稱之為「屍解仙」（道士得道後可遺棄肉體而仙去，或不留遺體，只假託一物遺世而升天，這個過程謂之屍解，由此而成仙的即屍解仙）。

在葛洪眼中，仙人分為哪幾種？

第一種
升天為天官

俺還差一頂官帽！

第二種
棲身於崑崙，長生不死

第三種
永存人間，或享千年之壽

上清派：將成仙之路普及化的教派

在葛洪的時代，江南的神仙道教傳統孕育出「上清派」，直到唐代，這都是道教的重要派別。

上清派以專門傳播習煉《上清經》而得名，根據《真誥》的記載，《上清經》是由「紫虛元君上真司命」（即魏華存，原是天師道的女祭酒）降靈於其弟子楊羲，以隸書寫成，然後楊羲將此書傳給許謐父子。《上清經》共有三十一部，以《大洞真經》為主。上清派強調，只要念誦此經萬遍即可成仙。自許氏父子死後，《上清經》在江南的知識分子間廣泛傳播，並引發抄經運動。

也許是受佛教的影響，上清派對死後世界的描述比以前豐富和有趣得多，根據《真誥》的記載，人死後會來到「羅酆山」，亦即後世所說的酆都鬼城，酆都之主就是北帝，很明顯，這亦相若於佛教所講的地獄。羅酆山上建有六個宮室，死者因其生前的所作所為，會被分到其中一宮受審，一方面要為個人在世時的行為負責，另一方面又要繼承祖先的罪過（這種「承負」觀早見於《太平經》）；不過，死者仍可繼續在冥界修行，而其在人間的子孫亦可通過齋醮救濟死者。死者在冥界修行有成，也可升往仙界，這樣仙界、人間和冥界就有了互動關係。

上清派以許氏家族為中心，葛洪的葛氏家族跟許氏家族不但是同鄉，也有姻親的關係。不過，無論是成仙的方法還是對死後世界的描述，上清派都大大異於葛洪的神仙道教，我們不妨將上清派、神仙道教和天師道放在一起來比較：

天師道是一種民間宗教組織，強調他力的救濟；葛洪的神仙道教則屬於知識分子階層的信仰，着重自力；上清派正好介乎兩者之間，因為它將成仙之路普及化。

　　葛洪將成仙之路限制在今生，上清派卻認為，人死後雖為鬼，仍可努力修行，直至修煉成仙，這就比葛洪的神仙道教更有吸引力。

　　雖然葛洪認為人只要努力修煉就可成仙，但煉丹所費巨大，並不是一般人可以負擔的；上清派並不同意服食丹藥是成仙的最佳途徑，認為誦經和存思（閉目靜思某一特定對象）才是最有效的方法，而這兩種方法對於一般人來說並不太難。

■ 寇謙之：整頓道教組織的改革者

　　如果說葛洪的貢獻在於將道教修煉理論體系化的話，寇謙之（365—448）的成就則是整頓道教組織，使之更具條理和規模。

　　寇謙之是北朝人，出生於信奉天師道的官宦家庭。寇謙之自少已好仙道，據說他在嵩山修煉時，太上老君降臨，授其天師之位，並賜《雲中音誦新科之誡》，命他改革天師道；後來他又稱老子的玄孫李譜文親授《錄圖真經》，並囑他輔佐北魏的皇帝。自從天師道在北方廣泛傳播，在民間一直都有人以道教之名起事，寇謙之對於此等「以下犯上」的暴亂深惡痛絕，於是立心改革天師道。

　　當時北魏統一了北方，結束了「十六國」的混亂局面，寇謙之得到宰相崔浩的幫助，獲取了北魏太武帝拓跋燾的信任，在強大政權的支持下，寇謙之得以對天師道進行改革。他廢除了「三張」（張陵、張衡、張魯）之法，包括納米稅收及「治」的行政區，讓道教組織直接受地方政權管轄，由此完全摧毀了天師道政教合一的制度。他亦批評「祭酒」和「天師」之職世襲之弊，並將戒律和齋醮制度化，戒律的形式取自佛教，內容則多來自儒家；齋醮分為祈願、超度、消災、解厄，並配以相應的儀式。他批評房中術不合乎儒家

的禮法，也反對煉丹服食之法，認為這些都不是成仙的正途，要獲得長生，就必須謹守戒律、齋功禮拜，這樣就能感動仙官下凡接引，授以長生之法。

在思想方面，寇謙之加入了忠信仁孝等內容，以儒家的禮法改革道教，為的就是防止叛亂之事再度以道教之名發動。他還引入佛教輪迴的觀念，「死入地獄，若轉輪精魂蟲畜豬羊，而生償罪難畢」（《雲中音誦新科之誡》）。由此可見，道教已開始初步吸收儒、佛兩家作為自己的養分。

北魏是外族建立的政權，對本土的道教頗為忌憚，但寇謙之整頓之後，道教（主要是天師道）政教合一的色彩被清除，對穩定北魏的政權有一定的貢獻，也順理成章成為北魏的國教。改革之後的天師道被稱為「新天師道」，在組織和制度上可跟佛教相論。東晉以來，佛教發展快速，並擺脫了漢魏時依附道家（包括道教）的狀況，跟道教的衝突也開始浮現。由於崔浩的推波助瀾，北魏太武帝下了滅佛的詔書，抨擊佛教為危害儒家禮法的「胡神鬼道」，以致佛寺被毀，僧人遭屠殺。

如何成仙？甚麼人能成仙？

我們的目標是：人人都能成仙！

主張者	方法	主要對象
先秦方士	尋訪仙人，祈求賜予不死的仙藥	帝皇
魏伯陽	修煉內丹，服食外丹	道士
葛洪	服食外丹	知識分子
《上清經》	誦經存思	平民百姓
寇謙之	謹守戒律、齋功禮拜，感動仙官授以長生之法	平民百姓

由先秦方士到寇謙之，成仙的對象有普及化的趨勢，這也是道教得以壯大和發展的原因之一。

◎ 陸修靜：搜集、整理道書的道教改革者

北朝有寇謙之，南朝亦有陸修靜（406—477）對道教作出整頓。陸修靜是劉宋朝代人，為搜集道書而走遍名山。他受到劉宋政權的重視，宋文帝和宋明帝都先後請他到宮中說法，宋明帝還交付他一個重任，就是辨別道書的真偽，整理「三洞」，這也是陸修靜對道教的重大貢獻。

自南北朝以來，道教經典不斷增加，到了陸修靜之時，已有一定的數量，而且存在不同的派別。正如前面所說，在葛洪時代，以許氏家族為中心發展出一個道教派別，稱為「上清派」，這一派主要講述思神誦經、服氣（即吐納）等修煉工夫，着重個人的修行；此外還有兩個主要派別，一個是「靈寶派」，另一個是「三皇派」，這三派被稱為「三洞」。靈寶派特別重視齋醮儀式，跟葛氏家族也有一定的淵源，據說其所奉經典《靈寶五符經》是出自葛玄，後來不少靈寶派的經書都是出自葛洪之孫葛巢甫。三皇派所講的「三皇」是上古的天皇、地皇、人皇，而三皇經典主要涉及符咒等驅神役鬼的道術，其中一部叫《五嶽真形圖》，是一種入山的符咒，可以避開鬼怪；又例如，建屋要寫《地皇文》，作用是辟邪防災。

陸修靜根據「三洞」對道書進行分類，著有《三洞經書目錄》，這是第一本道經的書目，奠定了日後《道藏》分類的基礎。陸修靜以「三洞四輔十二類」為分類標準，所謂「三洞」就是「洞真」「洞玄」和「洞神」，「洞」的意思是「洞見」，「三洞」就是「洞見真實」「洞見玄妙」「洞見神奇」。洞真部收錄上清派的經典，洞玄部收錄靈寶派的經典，洞神部則收錄三皇派的經典。而三洞教主分別是玉清天寶君（元始天尊）、上清靈寶君（太上道君）、太清神寶君（太上老君）。有說「三洞」其實是模仿佛教的「三乘」，所以「三洞」經典也有深淺之分，而依據這個分類，教民修道，也有對應的派別經典

和次序，由淺入深。

「四輔」分別是「太玄部」「太平部」「太清部」和「正一部」，用來輔助「三洞」，太玄、太平、太清分別輔助洞真、洞玄、洞神，而正一則輔助三洞。「三洞四輔」是七大部分類，而三洞部分再分為「十二類」：本文、神符、玉訣、靈圖、譜錄、戒律、威儀、方法、眾術、記傳、玄章、表奏。

陸修靜的另一貢獻就是整理道教的「齋醮」，以靈寶派為主體，輔以其他派別的齋法，統一了相應的儀式和戒律，稱為「九齋十二法」，齋醮約略相等於今天我們所講的「法事」，據說現在道教所行的齋醮儀式都是由陸修靜傳下來的。

陸修靜認為，齋醮儀式中的禮拜、誦經和思神特別重要，因為它們正好管理着人的身、口、意，他說：「身為殺盜淫動，故役之以禮拜；口有惡言綺妄兩舌，故科之以誦經；心有貪嗔恚之念，故使之以思神。用此三法，洗心淨行，心行精至，齋之義也。」（《洞玄靈寶齋說光燭戒罰燈祝願儀》）很明顯，這是受了佛家身、口、意三業的影響。

禮拜、誦經和思神的作用

思神　管住人的心念，防止貪婪和怨恨等意念的滋生

誦經　管住人的口舌，防止惡言和妄語等是非的流出

禮拜　管住人的四肢，防止殺人和偷竊等行為的出現

陶弘景：建立神仙世界的「茅山道士」

陶弘景（456—536）生於南朝劉宋，活躍於齊、梁兩朝。他雖是陸修靜的再傳弟子，但亦到處拜會有名的道士，收集上清派的經典，成為上清派的重要傳人，並開創茅山一派。

陶弘景早年曾出仕，後來隱居茅山，仍關心朝政，幾度為梁武帝建言獻計，被譽為「山中宰相」。梁武帝晚年時篤信佛教，但仍禮待陶弘景，可見其地位之重要。

陶弘景著作等身，其中重要者為《真誥》，此書記錄了楊羲等人書寫上清經典的經過及上清派的傳播。在理論方面，陶弘景總結了之前的長生之說，寫成《養性延命錄》一書。他認為人可以完全掌握自己的生命，前提是要做到形神相合，方法是清心寡慾、減少思慮、保持內心的和諧；另外，飲食對養生也很重要。

不過，陶弘景的主要貢獻還是將道教神仙信仰體系化，建立了一個井然有序的神仙世界。陶弘景整理了不同道教派別流傳下來的神祇，寫成了《真靈位業圖》一書。

他將鬼神世界分為七層，每一層有一位主神，其他神祇排列左右，例如第一層的主神是元始天尊，也是至高神。其中的三個主神也正是後世所謂的三清神：元始天尊、靈寶天尊、道德天尊，分別代表着上清派、靈寶派、天師道。值得一提的是，在這個神仙系統中，除了道教的重要人物如張道陵、葛玄等人之外，孔子和其他儒家人物也赫然在列。

南宋靈寶派道士金允中所編的《上清靈寶大法》中亦有一個神仙譜系，共十一層，排列了三百六十位神仙，明顯是受了陶弘景的影響。

除了佛學，陶弘景也精通儒學，並且為儒家經典作注，如《論語》和《孝

經》等。他認為儒家的忠孝之士也能得道成仙，不過階位較低。

在南北朝時代，佛、道之爭非常激烈，陶弘景有感於相爭無益，希望能調和三教。他主張三教合流，因為三者皆導人向善，而他開創的茅山派，正是以此為宗旨。

陶弘景的七層鬼神世界

第二層
（上清境諸神）
玉晨玄皇大道君
神祇數目：104

第三層
（上清太極金闕諸神）
金闕帝君
神祇數目：84

第一層
（玉清境諸神）
元始天尊
神祇數目：29

第六層
（地仙）
中茅君
神祇數目：173

第七層
（陰曹）
北陰大帝
神祇數目：88

第四層
（太清境諸神）
太上老君
神祇數目：174

第五層
（諸天曹仙官）
九宮尚書
神祇數目：36

由民間團體變身有規模和戒律的宗教組織

道教的發展期

經寇謙之、陸修靜和陶弘景等人改革之後，道教由散亂的民間團體演變成有規模和戒律的宗教組織，從對政權暗含潛在威脅躍升為具官方認可的資格。但南北道教仍然存在差異，促使南北道教融合的是北朝末期的樓觀道（早期道教派別之一，據說源於當年老子西出函谷關授書的尹喜），樓觀道接受了南朝的「三洞」經典及其道館（即道觀）制度，而北朝天師道的祭酒制度也被道館體制所取代。

到了唐代，道教進入全盛期，一方面，由於唐王朝以老子為祖宗，令道教得到官方大力支持；另一方面，道教跟儒、佛兩家融合，得以進一步發展。

▓ 佛道相爭：互助互學，相愛相殺

佛教最初傳入中國時，要借助本土的道家和道教的「觀念」來解釋其思想，使之容易為中國人所接受；佛教壯大後，反過來刺激道教的整合，道教也模仿佛教經典和組織，變得更具規模。同時，佛教亦學習道教的科儀，融入中國文化。佛、道兩教有互助互學的一面，但由於同為宗教，亦有相互競爭的一面。競爭能帶來進步，本不是壞事，然而狹隘的宗教心理和排他的獨尊思想，一旦加上政治勢力的介入，就會造成很大的傷害。

早在漢明帝時佛教傳入中國之初，已有道士聯合起來抗拒佛教。到了北朝，佛道相爭的重點就是所謂「老子化胡」。西晉末年，天師道的祭酒王浮編造了《老子化胡經》，內容大致是說老子西出函谷關後變成了胡人，傳佛教給釋迦牟尼。當然，此書旨在抬高道教的地位，因為佛陀變成了老子的弟子。樓觀道由於其源起，也大力宣揚《老子化胡經》。佛教也不甘示弱，偽造佛經，說佛陀派遣儒童菩薩（孔子）、光淨菩薩（顏淵）及迦葉尊者（老子）來中國傳教，將儒家和道家說成是出於佛教。

　　除了偽造經書，雙方還互相辱罵，衝突時有發生，累積了不少怨恨。北魏太武帝時，道教得勢，就發生了滅佛事件。到了北齊時，佛道再起爭執，齊文宣帝讓雙方辯論，結果道教輸了，皇帝就下令廢除道教，迫令道士剃頭當和尚。北周時，周武帝召開大會，論辯儒、道、佛三家的優劣，最後定下儒教為先、道教次之、佛教最末的次序。佛教徒不服，致使道、佛二教相鬥不斷，結果武帝下令廢除二教，弄得佛、道兩敗俱傷。

　　到了南朝，佛、道相爭的焦點則落在「夷夏之辨」和「形神之辨」這兩個問題上。隨着隋唐的大一統，兩教之爭仍然繼續，唐高祖時就發生了一次規模很大的道佛之爭，歷時五年之久。事緣太史令傅奕上疏，請求廢除佛教，朝堂上卻多維護佛教者；朝堂外有道士李仲卿和劉進喜分別寫了《十異九迷論》和《顯正論》，對佛教進行攻擊，僧人法琳則寫了《破邪論》和《辯正論》來反駁。後來法琳因此得罪了唐太宗，還險些兒送命。

　　相爭不一定是壞事，因為爭辯的時候也需要明白對方的論點，促成相互了解，由相爭帶來相合。而事實上，隨着唐朝的一統天下，三教也開始融合，禪宗就是一個很好的例子。

佛道相爭的幾種手段

偽造經書
將對方的宗教說成是源自自己的宗教

打壓對方
利用政治力量，進行滅佛或滅道之事

論辯之爭
由於思想不同而論辯真偽

說到底，都是利益之爭。

重玄學派及其代表人物

　　道教是唐朝的國教，唐玄宗更將《老子》《莊子》《列子》和《文子》列為考試的內容，稱為「道舉」，促進了道教義理的發展，壯大了源於魏晉的重玄學派。重玄學派透過注解《老子》，使道教的教義哲理化，而唐玄宗本人也曾注解過《老子》。解釋主要有兩方面，一個是用《莊子》解老，另一個是援引佛教的義理，特別是天台宗和三論宗來詮釋老子的玄理。

　　所謂「重玄」是來自《老子・第一章》的「玄之又玄，眾妙之門」，「玄」的本意是「玄妙」，「玄之又玄」即「玄妙又玄妙」，乃「極其玄妙」的意思。不過，當重玄學派用佛學來解釋「重玄」時，意思難免有所改變，例如道士李榮說：「非有無之表，定名曰玄，借玄以遣有無，有無既遣，玄亦自喪，故曰又玄。」（《道德真經注》）這是以佛家的「破執」來解釋「重玄」，「重玄」亦即「雙遣」，第一個「玄」是破除對「有無」的執著，第二個「玄」進一步破除對「不執著於有無」的執著。

　　透過「雙遣」，人就能進入玄妙之境，物我兩忘，證得道體。既然重玄學派是源於魏晉，那跟當時的玄學也有一定的關係，而「本末有無之辨」又是魏晉玄學的一個主要課題，看來重玄學派用「雙遣」來解釋「重玄」，目的之一就是要破除「貴無」和「尚有」（包括崇有論和獨化論）的執著。不過，本書第二章已說過，「本末有無之辨」跟「名教自然之辨」有關；然而，重玄學派並不關心這些社會問題，只重視個人的修道。

　　重玄學派又模仿佛教的「佛性」，創造「道性」一詞，泛指眾生修煉得道的根據，認為人為煩惑所蔽時，道性不顯，是凡人；煩惑去則道性顯，即為聖，這根本就是佛家的說法。《道門經法相承次序》亦說：「是清淨心，具足一切，無量功德，智慧成就，常住自在，湛然安樂，但為煩惱所覆蔽，故

未得了，故名為性。若修方便，斷諸煩惱，障法盡故，顯現了故，名為本身。」這明顯是如來藏自性清淨心的説法，道性顯現就相若於佛教所講的「法身」，具「常」（常住）、「樂」（安樂）、「我」（自在）、「淨」（湛然）四德。由此可見，重玄學派所建立的根本就是佛家化的道教思想體系。

重玄學派有兩個重要人物，一個是唐睿宗和唐玄宗時的司馬承禎（647—735），另一個是晚唐的杜光庭（850—933）。

司馬承禎將道性稱為「心體」，認為修道即修心，修心的重點在於「靜」，其《坐忘論》正是發揮了莊子「坐忘」的思想，將「坐忘」分為七個階段，強調修煉是一個循序漸進的過程，重點是「靜心」，忘物忘身，使各種煩惱和思慮得以排遣，以「無慾」來應對世事，那就可以做到應物而不為物所累。

司馬承禎在天台山修道，其「坐忘」思想其實也受到天台宗「止觀」的啟發，這亦是道、佛相融的一個例子；而司馬承禎「主靜無慾」的修心主張，對日後的宋明理學也有一定的影響。

坐忘的七個階段

❼ 得道　形神合一，入神仙之境

❻ 泰定　形如枯木，心若死灰

❺ 真觀　善觀而不為外物所惑

❹ 簡事　不作過分之求

❸ 收心　收心離境，住無所有

❷ 斷緣　捨棄一切俗務

❶ 敬信　要有虔誠的信仰

杜光庭可以説是重玄學派的總結者，著有《道德真經廣聖義》《太上老君説常清淨經注》《道門科範大全集》等書。一方面他重視重玄學派的修心理論，另一方面他亦採用重氣學派（重視修氣，相對於重視修心的重玄學派）對「道」的解釋，用陰陽二氣來説明萬物的生成。他認為「道」乃一玄虛及根本之理，適用於一切事物，不論是修身或治國，都是以此為據，而「道」亦有「導」的意思，即引導眾生重返根源。

杜光庭經歷了黃巢之亂，唐亡之後在前蜀任官。他著作等身，可謂道教的中興者，不過，他為了充實道教的內容，偽造了不少經書，我們今天所用的「杜撰」一詞，據説就來自於他的這些偽造行為。

杜光庭的宇宙論：萬物是如何產生的？

內丹學的發展：從單純的吃丹藥到修煉內在

內丹和外丹之分雖然早見於漢末的魏伯陽，但內丹和外丹之名要到隋朝才真正出現，而晉朝葛洪所講的「金丹」只是指外丹。

重玄學派吸收了佛教的理論，主張修心，促成了內丹學的發展。在唐代，外丹之術盛行一時，不少王公大臣都沉迷於此，還有好幾個皇帝是服仙丹而亡，唐武宗三十三歲就死了，連英明睿智的唐太宗亦不例外，於是大家都對外丹的成效起了疑心。

不過，也有人認為是火侯出了問題，亦有人說這是屍解仙，但這些辯解欠缺說服力，外丹之術也漸漸被內丹的修煉所取代。

五代亦有一種說法，認為服外丹而死的人是由於內丹修煉不夠，所以主張內丹外丹並修。

天元丹、地元丹、人元丹如何配合人的修煉？

修煉人元丹，凝神聚氣 ❸

服食天元丹，長生不死 ❷

先服地元丹，鞏固筋骨 ❶

* 除了內丹和外丹之分外，亦有天元丹、地元丹、人元丹之分。

* 天元丹由天然礦物煉成，如五金、八石，亦即一般講的外丹。

* 地元丹由植物提煉而成，如靈芝、何首烏等。

* 人元丹有兩種，一種是養神服氣、達致清淨無為，相若於一般講的內丹；另一種以房中術為基礎，透過性事激發生命的潛能，以延長生命。

* 要先服用地元丹和修煉人元丹，改變整個身體氣質，才可服食天元丹。

北宋時的張伯端（987—1028）著有《悟真篇》，明確斥責外丹之術為旁門左道，只有修煉內丹才是正途。

五代時盛行的內丹學派為「鍾呂金丹派」，該派將人的身體看作爐鼎，把人的精、氣、神視為藥物，認為在人體內煉成金丹就能成仙不死。其中，「鍾呂」分別指鍾離權和呂洞賓，他們是家傳戶曉的「八仙」之一。

呂洞賓生於唐末，失意於功名，後遇上鍾離權，習得長生之法，又在黃龍禪師處學得禪法，所以他的思想融合了禪道兩家。道教中人尊稱呂洞賓為呂祖，其地位甚至高於張道陵、葛洪和陸修靜等人，但正史並無記載他的事跡。呂祖又被稱為三教之祖，他認為要有修煉成仙的資格，第一步是先學會做人，即踐行儒家所講的忠、孝，然後是佛家的不執著。

張伯端和陳摶（？—989）的內丹修煉理論都受到「鍾呂金丹派」的影響，不過在具體的修行步驟上有所不同。

張伯端主張先從呼吸開始修煉，這是修氣，繼續修精再到修（心）神，這叫作「先修命，後修性」。

陳摶活躍於五代末和北宋初，由於享有盛名，故先後得到後唐、後周和北宋幾代皇帝的召見。陳摶認為，修煉應以修心為先，然後依次序煉精化氣，煉氣化神，煉神還虛，復歸於道，這樣就能成仙不死。陳摶以修心（性）為先，故稱為「先修性，後修命」。

陳摶傳有「無極圖」，展示出內丹修煉的步驟。「無極圖」有五層，由下而上，代表五個修煉程序：第一層有一個圈，是煉丹的起點，那是人的丹田，氣之所在，所謂玄牝之門，這步驟稱為「得竅」。第二層也有一個圈，將丹田之氣進行化煉，把先天的精化為先天之氣，這是煉精化氣，再將先天之氣化為先天之神，這是煉氣化神，這個步驟稱為「煉己」。第三層有六個相連的圈，其中五個是五行，代表五臟，將五臟之氣調和歸一，這個步驟稱為「和

合」。第四層也是一個圈，內由坎離兩卦組成，修煉在於取坎填離，將坎卦的陽爻代入離卦的陰爻，成為乾卦，回復先天的生命，這個步驟稱為「得藥」。第五層亦是一個圈，代表煉神還虛，復歸於無極，得道成仙，最後這一步稱為「脫胎成仙」。

「無極圖」影響了後來宋明理學的宇宙論，周敦頤的「太極圖」也是源於「無極圖」。

讓我們回到內丹修煉。內丹修煉講求精、氣、神合一，但所謂「精、氣、神」又有先天和後天之分，先天的稱為元精、元氣、元神，後天的就是男性之精、呼吸之氣、思慮之神。先天和後天可以互相轉化，修煉就是由後天的有限生命回到先天的無限生命。

陳摶的無極圖如何教我們修煉成仙？

脫胎成仙
煉神還虛，復歸於無極，得道成仙

得藥
回復先天的生命

煉己
煉精化氣，煉氣化神

得竅
丹田，煉丹的起點

和合
將五臟之氣調和歸一

金　火　木　水　土

全真教與正一道：王重陽、丘處機和張天師的真實故事

全真教的創始人是生於北宋末年的王喆，外號「重陽子」，故又名王重陽。王重陽青年時適逢宋金交戰，戰敗後宋室南渡，留在北方的王重陽只得無奈地生活於金國的統治之下。

王重陽雖曾中武舉人，但不被重用，仕途失意，於是決意修道，在終南山建了一座「活死人墓」，專心修煉。出山後，他收了七大弟子，號稱「全真七子」，其中外號「長春子」的丘處機成就最大，一舉將全真教發揚光大。當時南宋、金國和蒙古都想召見這位得道真人，丘處機審時度勢，選擇了蒙古，不惜千里迢迢遠赴中亞拜會成吉思汗。後來元朝統一天下，全真教得到朝廷支持，也傳播到南方去。

「全真」的意思是「全其本真」，也包含「三教合一」的意思。

王重陽認為，三教都不離真道，可喻為一根生三枝，三教只是表面上有差異，不過是道教主命、佛教主性、儒家主理。此種三教合一比之前陶弘景講的三教合流更深一層，不僅是導人向善，更指三者同源。

王重陽在東北所建立的五個道教團體，都以「三教」之名稱之，例如三教金蓮會、三教平等會、三教七寶會等。他還要求弟子熟讀三教的經典：《道德經》《心經》和《孝經》。

思想方面，全真教繼承「鍾呂金丹派」，主張「先修性，後修命」，這跟陳摶的主張相近，而與南宗丹道派張伯端「先修命，後修性」的主張正好相反，因此全真教被稱為北宗丹道派。南宗丹道派只是師徒相傳，全真教則形成有規模的宗教組織。早期全真教主張苦修，更規定弟子必須出家，實行禁慾主義，可謂道教中的佛家。

王重陽否定肉體成仙的說法，更批判外丹之術。他認為，內丹修煉的成

果，是「陽神」能自由出入人體，最終飛升仙界。

全真教屬於丹鼎派，而當時跟它勢力相若的正一道則屬於符籙派。正一道源於天師道，相傳張道陵四世孫遷居江西的龍虎山，成立了正一派，以《正一經》為主要經典。在陸修靜的分類中，正一部是四輔中最後的一部，而修習正一部的經典也只是初級課程，所以正一道的地位並不高。在宋真宗時，正一派得到重視，以後的張天師也得到朝廷封號，第三十五代天師張可大更被授予統領符籙派的大權。到了元代，張天師繼續受到朝廷賜封，還有權發放「度牒」，授予道士的身份。

雖然正一道歷來受到朝廷的重視，但其在思想上並沒有甚麼重大的貢獻，只是張天師世系傳為佳話而已。

符籙三宗是道教的哪三派？

閣皂派

山頭：閣皂山

所宗經典：《靈寶經》

茅山派

山頭：茅山

所宗經典：《上清經》

符籙三宗

正一派

山頭：龍虎山

所宗經典：《正一經》

兩宋時，出現了三個符籙宗派，後來天師張可大被宋理宗授命統領三派。

4 道教思想的總結

是神神叨叨，還是最具科學精神？

如果要用一句話來形容道教的特性，那就是「長生不死」。縱觀已知的其他人類文化，似乎沒有這樣宣稱的，究竟這是中國文化的狂妄，還是幼稚，抑或是一種人定勝天的壯志呢？

相比於道家，道教對長生不死的追求，似乎更接近於儒家，很有《易傳》積極進取的樂觀精神（《易傳》是從儒家角度解釋《周易》的專書），正所謂「生生之謂易」（《易傳‧繫辭上》），「長生不死」不就是這種生生不息的極致嗎？其實道教的「承負」觀念也可以在《易傳》中找到根源，「積善之家，必有餘慶；積不善之家，必有餘殃」（《易傳‧文言》）。

道教接受了佛教輪迴和三世因果的説法，在修煉方法上，又跟佛教互有影響，兩教相融。不過，「長生不死」仍然是道教的獨有主張，也可以説，道教主生，佛教主死。然而，「長生不死」跟密宗的「即身成佛」也有點相似，都是近乎不可能。

筆者倒覺得道教這種追求與「天地同休，日月同壽」的氣概非同凡響，在這個幾乎不可能達成的目標之下，發展出種種養生的方法，內丹之學也孕育出中國獨有的氣功，外丹之術又給我們累積了不少化學和醫學的知識（因為外丹本身有毒，為解毒也需研究醫術）。一般講哲學的書都很少提及道教思想，一來可能認為論義理的精深不及佛教和儒家，二來道教講修煉金丹達致成仙不死，又不免給人神怪和非理性的印象。不過，筆者卻認為道教是最具科學精神的宗教，其所研究的東西在今天可歸入生命科學，前途未可限量。

成仙不死，究竟是迷信，還是科學呢？對於成仙的方法和過程，及「仙人」的種類，前面已略有討論，葛洪將「仙人」分為三類，在宋、元之後，進一步發展分為五種，根據《鍾呂傳道集》的記載，依次為大羅金仙（神仙）、天仙、地仙、人仙、鬼仙。

不過，從另一個角度看，長生不死不就是對「永恆生命」的一種訴求嗎？

這樣看來，它跟基督教的「永生」、佛教的「涅槃」一樣，只是表達的方式不同而已。

對現代人來說，也許將「長生」理解為延長生命比較有說服力。隨着科學和醫術的進步，現代人的平均壽命比以前的人長得多，古代社會人的平均壽命只有四十多歲，現代人則是七十多歲，但據說人的壽命可高達一百二十歲，也許道教學說可以幫助我們得享天壽。然而，追求高壽是否是一種執著呢？現代社會比古代社會複雜得多，我們需要更多時間來學習，完成工作，實現有意義的人生；如果早逝的話，反而會執著於世間，不能順利返回死後的世界。得享高壽，更有機會完成世間的工作，死而無憾。當然，長壽而不快樂的人生也是不好的，而道教的修煉不只是追求長壽，所謂「性命雙修」（指神形兼修、心身全面修煉），不正是要追求長壽及快樂（此處快樂主要指心靈的快樂）的人生嗎？筆者以為，這就是「長生」的現代意義。

葛洪之後，仙人又被分為哪些類別？

大羅金仙
修到聚而成形，散而為氣，上天下地，任意往來

天仙
修到永生不死，並得種種神通

地仙
修到辟穀服氣，水火不侵，略有神通

人仙
修到無病無災，延年益壽

鬼仙
死後能精靈不滅，在鬼道世界中長存

仙人族類，是越來越昌盛了。

葛洪將「仙人」分為三類，宋、元之後，仙人進一步發展分為五種。以上分類根據《鍾呂傳道集》而來。

為天地立心，為生民立命，為往聖繼絕學，為萬世開太平。

——張載

第五章

宋明理學：儒學的復興

周敦頤

（太極為終極之理，以誠為修行方法）

張載

（氣化宇宙論，以轉化氣質為修行重點）

影響

程顥

（主張性即氣，為心學的先驅）

程頤

（主張性即理，用敬致知）

影響

影響

陸九淵

（主張心即理，心外無理）

朱熹

（繼承性即理，主張格物窮理及理一分殊）

影響

形成

王陽明

（繼承心即理，主張知行合一）

程朱學派

形成

為宋代理學主流

陽明學派

心學成為明代的主流思想

　　自從漢武帝獨尊儒學之後，儒家一直是官方的意識形態，然而，大部分儒家學者只是埋首章句訓詁之學，視讀書為求取功名的途徑，失去了孔孟求道救世的精神，尋求人生意義和精神歸宿的重任落於佛、道兩家的肩上。魏晉時，玄學盛行，思想界是道家的天下；隋唐之際，佛學成為思想界的主流。雖然唐太宗頒佈《五經正義》，統一了南北經學，但經學仍是注解義疏之學，不過是為了方便考試之用，並未在義理上有所突破，亦不足以抗衡佛、道兩家的思想。

　　到了中唐，儒家學者開始覺醒，首推韓愈（768—824），這位「文起八代之衰」的大文豪，雖然在文學史上的地位要比在哲學史上重要，但他因尊儒反佛的堅定立場及其「道統」之說，被奉為復興儒學的先驅。

　　韓愈說：「斯吾所謂道也，非向所謂老與佛道也。堯以是傳之舜，舜以是傳之禹，禹以是傳之湯，湯以是傳之文武周公，文武周公傳之孔子，孔子傳以孟軻，軻之死，不得其傳焉。」（《原道》）韓愈認為孟子死後，這個道統就中斷了，後來南宋的朱熹說二程繼承了這個道統。

　　不過，韓愈的性三品說（即把人性分為不教自善的聖人之性、教也不能為善的斗筲之性、可為善亦可為惡的中民之性），明顯是受了魏晉以來才性思想的影響，未明孟子性善論的要旨。

　　韓愈的學生李翱（772—841）比較明白孟子的思想，他的《復性書》就是要發揮《中庸》的義理，恢復人的本性。他說：「人之所以為聖人者，性也；人之所以惑其性者，情也。喜怒哀懼愛惡欲七者，皆情之為也。情既昏，性斯匿矣，非性之過也，……故聖人者，人之先覺者也。覺則明，否則惑，惑則昏。」李翱的《復性書》可謂宋明心性論的先行者，不過，朱熹認為他講「昏明」還是受了佛家思想的影響。

　　無論如何，韓愈和李翱都播下了復興儒學的種子，百多年後終於開花結

果。宋明理學正是儒學的復興，「復興」是指繼承孔孟性命義理之學而有所發揮，拋開了漢唐以來訓詁義疏的傳統，並吸收佛道兩家的為養分，發展出性命天道相貫通的新儒學。

宋明理學經歷宋、元、明三代，歷時六百多年，主宰學術、政治和經濟等領域，對中國文化產生了深遠的影響。

儒學的演變

修齊治平

陰陽五行，法家思想

漢代

儒學獨尊，但受陰陽五行和法家思想的污染，重視章句訓詁之學，稱為「經學」。

先秦

儒學只是一家之言，主張修身治國之學。

三人行，必有我師焉！

宋明

儒學復興，吸收佛道思想，發揮內聖之學，稱為「理學」。

東晉至隋唐

儒、道、佛三教並行

1 | 何謂理學

先秦儒家主要關心具體的道德和政治問題，較少探討宇宙起源、形上學和人性的道理，孔子更罕言「性與天道」，孟子雖然談了一些，但也是點到即止，只有《易傳》和《中庸》這兩部儒家後學的作品涉及這些議題。

不過，漢代的易學是象數之學，不是儒家的義理之學，經學研究的是章句訓詁之學，儒學也喪失了安身立命的作用。

宋明理學又稱為新儒學，其「新」就在於一個「理」字，「理」泛指一切道理，包括事物的道理和做人的道理，也可以歸納為宇宙萬物的終極之理。

那麼，人和此理有何關係呢？人又如何認識此理、實踐此理呢？這涉及形上學、宇宙論、知識論和工夫論等範疇。

▓ 理學 VS 佛道：既相互影響，又彼此抗拒

一方面，宋明理學打着復興儒家、抗拒佛道的旗號；但另一方面，理學又深受佛道兩家影響，特別是佛家的影響，單是理學的「理」，就有可能是受了華嚴宗「理事無礙」的影響。

宋明理學名家周敦頤和張載亦喜歡跟當時有名的禪師（如東林常總）往來論道，周敦頤更明言深受禪學的啟發，所以有人認為，理學不過是外儒內佛。即使是理學家之間也會指摘對方為佛為道，例如朱熹就批評謝良佐（程顥的學生）及陸九淵之學為禪，陸九淵則批評周敦頤的《太極圖說》為道家之作。

佛道兩家對宋明理學的影響主要表現在兩個方面，一是其形上學和宇宙論，二是其修行的方法，而這兩點亦正是佛道優於儒家、吸引知識分子的地方。

例如，周敦頤講宇宙生成變化的太極圖就來自道教的無極圖，而他主

靜、無欲的修行工夫亦是學自佛道兩家，但這些都不足以說明理學就是掛羊頭賣狗肉的偽儒學，因為理學的形上學和工夫論建基於《易傳》和《中庸》，這些都是先秦的儒家經典（不過，勞思光認為它們是秦漢時的作品，是受了道家思想的影響才寫成的）。

雖然宋明儒也提倡「靜坐」的修行方法，但不能憑此斷定這就是佛家的思想，因為靜坐在印度佛教出現前就已經存在，是修行的普遍方法，況且《大學》所講的修行次第「止，定，靜，安，慮，得」中，也有「靜」這一項。

要判定理學跟佛道的不同並不難，關鍵在於它們對世界所採取的態度。佛家講因緣幻化，道家講有生於無，修行的目的就是要回歸「空」「無」，自然容易產生捨離世界的消極精神；但理學所講的天道是生生不息的，充滿努力進取、積極入世的精神。

宋明儒透過靜坐所涵養的是「天理」，是儒家的仁義禮智、人倫規範，並不是佛家的「空理」，也不是道家的「玄理」。

正如朱子所說：「釋氏只要空，聖人只要實。釋氏所謂『敬以直內』，只是空豁豁地更無一物，卻不會『方外』。聖人所謂『敬以直內』，則湛然虛明，萬理具足，方能『義以方外』。」（《朱子語類‧卷一百二十六》）

韓愈對佛道的批評也正是指出它們不足以規範人心，有違人倫秩序。但宋明理學並未停留在這個層次，它要深入義理的層面，發展一套足以抗衡佛道的形上學和心性論，奪回失去已久的精神陣地。

不過，佛教和道教對於在家的修行者也很強調孝道，例如，禪宗的慧能和道教的呂祖都十分重視孝道，大乘佛教的入世精神也不下於儒家。

當然，作為宗教，佛道兩家關心的始終是死後之事，這屬於信仰的領域，跟儒家的目標根本不同，理學排斥佛道，明顯是門戶之見。

對佛道的批評

破壞人倫秩序

出家人無君無父，不忠不孝

損害國家經濟

出家人不事生產，寺院和道館又佔有房產，卻不用納稅

❀ 《易傳》《中庸》《大學》：儒家吸收易學思想的產物

在先秦儒學中，孔、孟、荀講的多是有關道德和政治的學問，而《易傳》《中庸》及《大學》則可以說是儒家思想的進一步發揮和補充。《易傳》和《中庸》探討天人的關係，闡釋儒家「天人合一」的思想；至於《大學》，則涉及儒家「內聖外王」的思想。

「天人合一」和「內聖外王」正是儒家的兩大主張，漢儒由於被陰陽家思想「污染」，未能掌握兩者的真義。宋明理學基於《易傳》《中庸》及《大學》，建構出儒家的天道觀和心性論。從這個角度看，宋明理學可以說是先秦儒學的繼承和發展。以下簡單介紹一下《易傳》《中庸》及《大學》這三部作品的要義。

《易傳》是解釋《周易》的專書，相信是孔子及其後學所作，是一部儒家學派的集體創作。《易傳》有十篇文章，其中以〈繫辭傳〉最具哲學意義：「《易》有太極，是生兩儀，兩儀生四象，四象生八卦。」（《易傳‧繫辭上》）「太極」正是萬物的本源，八卦根據陰陽的原則，產生出萬物。《易傳》的特色是由本體說明價值的意義，此所謂「天之大德曰生」（《易傳‧繫辭下》），生是上天的恩賜，為善就是跟從上天而行。

《中庸》相傳為孔子的孫子子思所作，也有可能是子思及其後學的作品。如果說《易傳》是從客體的角度去說明天道的生生不息，《中庸》則從主體的角度，通過「誠」的實踐去體驗道。

孔子雖然罕言「天道」，但並不表示孔子沒有天道觀。正如子貢所說：「夫子之文章，可得而聞也；夫子之言性與天道，不可得而聞也。」（《論語‧公冶長》）這正暗示了孔子也講天道，只是很少談論而已。

一般認為《中庸》的天道觀是繼承孟子並有所發揮，其中交待了人性的

來源：「天命之謂性，率性之謂道，修道之謂教。」（《中庸·一章》）天道內在於人而成為人的本性，順着本性就合乎道，這是人向善的本性，亦即道德自覺的能力；但人的本性多隱而不顯，所以需要努力學習，將它顯現出來，這就是教化。

《中庸》的另一貢獻就是提出一套以「誠」為根本的工夫論，貫通天人，達致天人合一。「誠者，天之道；誠之者，人之道也。」（《中庸·二十章》）天道是真實的，而實踐誠就是做人的正確之道。做人要真誠、不自欺，就必須做到「博學之，審問之，慎思之，明辨之，篤行之」（《中庸·二十章》），「博學」是廣泛學習，「審問」是深入研究，「慎思」是認真思考，「明辨」是分辨清楚；「學，問，思，辨」四者都屬於「知」的工夫，「篤行」就是「行」。

由「知」的工夫，可以帶出「成物」的主張；所謂「成己，仁也；成物，知也」（《中庸·二十五章》），「成物」可以指「盡物之性」，即利用物質來改善人的生活，知識的重要性就在這裏，這屬於「外王」的層面；「成己，仁也」則屬於「內聖」的層面。

由此可見，「誠」又可從內到外，即「內聖而外王」，此所謂「唯天下至誠，為能盡其性；能盡其性，則能盡人之性；能盡人之性，則能盡物之性；能盡物之性，則可以贊天地之化育；可以贊天地之化育，則可以與天地參矣」（《中庸·二十二章》）。天地充滿種種的缺憾，各種自然災害都會為人帶來不幸，但人可以憑着知識，彌補這些缺憾，造福人類。

《大學》相傳為孔子的弟子曾子所作，只是一篇短文，談的是「內聖外王」之道，重點是交待「內聖」和「外王」的關係。

《大學》的主要內容有「三綱領」和「八條目」，「三綱領」是「明明德、親民、止於至善」。「明明德」是明白人的光明德行，重點在於修身，屬「內聖」；而「親民」是愛護百姓，乃行善的後果，屬「外王」；至於「止於至善」，

則可視為最終的目標。

「八條目」是「格物，致知，誠意，正心，修身，齊家，治國，平天下」這八條，一般認為前五條屬於「內聖」，後三條則屬於「外王」，很明顯，「內聖」是「外王」的先行條件。其中最大的爭議就是「格物，致知」的意思，朱熹和王陽明各有不同的解釋。

宋明儒 vs 先秦儒

先秦儒

重視個人德行及重建社會秩序的治國問題，較少關注形上層面或宇宙萬物的生成變化。

宋明儒

吸收了佛、道兩家的本體論和修行方法。

■ 理學的分類及發展階段

「理學」一詞出於南宋，原本稱為「道學」。理學有狹義和廣義之分，狹義的理學是指跟陸（九淵）王（陽明）「心學」相對的「理學」，即程（頤）朱（熹）學派；前者主張「心即理」，後者主張「性即理」。

廣義的理學泛指心性理氣之學，包括了陸王的心學，這裏所講的理學取其廣義。

亦有一更廣義的理學，它是相對於訓詁之學而言的義理之學，包括了蘇軾的「蜀學」、王安石的「新學」及葉適的「永嘉學派」等，但若以開發儒家思想的角度看，王安石的「新學」雖在當時有很大的影響力，但在理論上並沒有甚麼重大的意義。

宋明理學的精彩之處在於其對儒家「天道觀」和「工夫論」的開發，使之成為一更完備的理論，正如牟宗三所說，其主旨正在於「天道性命相貫通」。

不過，由於理學家的工夫入路各有不同，體證亦有差異，故可分為不同的派系，著名的有傳統的二系說、牟宗三的三系說及勞思光的一系說：

二系說即將理學分為程朱的「性即理」和陸王的「心即理」。

三系說是在二系說的基礎上加入胡宏和劉宗周這一系，但牟宗三認為朱熹繼承的是程頤之學，並不是程顥的思想，跟傳統的說法不同。

勞思光的一系說，則認為宋明理學的發展有三個階段，第一個階段以周敦頤和張載的天道觀為主，主要概念是「天道」；第二個階段以程朱的本性論為主，主要概念是「理」；第三個階段以陸王的心性論為主，主要概念為「心」。從天道觀到本性論再到心性論，由最初受佛道思想影響而帶有宇宙論的色彩，逐步回歸孔孟的心性論。

一系說、二系說和三系說背後各有判定的標準，這裏不作詳細討論，以

下雖然也是以不同階段來講述宋明理學，但並不表示筆者贊同勞思光的一系三階段說。

宋明理學發展的三個階段

第一個階段：北宋時

理學的奠基期
以北宋五子的學說為主

程頤　程顥

張載　周敦頤　邵雍

第二個階段：南宋時

以朱熹和陸九淵為主，朱熹主張性即理，重視道問學；陸九淵則主張心即理，重視尊德性。

朱熹　陸九淵

王陽明

第三個階段：明代

王陽明繼承了陸九淵的心學，並將其發揚光大。

宋明理學歷時六百多年，大致可以分為三個階段。

2

理學奠基時期的代表人物

北宋五子

宋太祖即位後，鑑於唐朝亡於藩鎮割據，於是採用中央集權制；亦由於殘唐五代人倫崩潰，子弒父、臣叛君比比皆是，所以提倡文人政治。好處是促進了學術發展，壞處則是重文輕武，地方的防禦力不足，招致邊境之患，外王不興。知識分子多轉向內聖之學，並汲取佛、道兩家的修行方法，為儒學注入新的養分。

其中有五位重要人物：周敦頤、邵雍、張載及程顥和程頤兩兄弟，世稱「北宋五子」。在時序上又可分為兩個時期，周敦頤、張載、邵雍為前期，程顥和程頤為後期，前三者比較關心宇宙論的問題，即萬物的生成變化；後二者之學的重點在於天道和人性的關係。

宋北宋五子的關係：不是親，就是友

北宋五子之間的關係很密切，周敦頤是二程的老師，張載是二程的表舅，二程跟邵雍亦為朋友。

周敦頤：宋明理學的開山祖師

周敦頤（1017—1073）是宋明理學的開山祖師，因講學於道州濂溪，故又名周濂溪，其所傳之學則被稱為「濂學」。周敦頤受禪宗思想影響，喜好淡泊寧靜的生活，但亦有儒家救世的熱情，他從政二十多年，為民請命；辭官後過着清貧的生活，自詡有孔顏之樂。

周敦頤著有《太極圖說》及《通書》。顧名思義，《太極圖說》就是用來說明「太極圖」的。太極圖源自陳摶的無極圖，但解釋卻完全不同：陳摶講的是道教的修煉次第，最終復歸於無極；而周敦頤則倒轉過來，講述萬物如何由太極生化出來：「無極而太極，太極動而生陽，動極而靜，靜而生陰，靜極復動。一動一靜，互為其根。分陰分陽，兩儀立焉。陽變陰合，而生水、火、木、金、土。⋯⋯二氣交感，化生萬物，萬物生生，而變化無窮焉。」（《太極圖說》）「無極」雖屬道家之說，但周敦頤將萬物生化的源頭視為「太極」，太極生陰陽，陰陽生五行，五行生萬物，故太極就是宇宙萬物的終極之理。

周敦頤對宇宙起源的說明通向儒家的內聖之學，因為他提出了「人極」的觀念，「人極」就是人中的極品，即聖人。他說：「聖人定之以中正仁義，而主靜，立人極焉。」（《太極圖說》）

如何成為聖人呢？《太極圖說》篇幅十分簡短，要理解周敦頤所講的修行工夫，就必須看他的《通書》。比起《太極圖說》，《通書》的內容就豐富得多，全書共四十篇，論及倫理、政治、為學、修行、天道、文學等等。簡單來說，《通書》結合《中庸》和《易傳》，以「誠」為主，建立了一套形上學的系統，用來說明一切文化價值的意義。

周敦頤說：「大哉乾元，萬物資始，誠之源也。乾道變化，各正性命，誠斯立焉。」（《通書·誠上》）「大哉乾元，萬物資始」及「乾道變化，各正性命」

這兩句話出於《易傳》，周敦頤賦予「誠」本體的意義，他說：「寂然不動者，誠也。」（《通書‧聖》）又說：「天以陽生萬物，以陰陽成萬物。生，仁也；成，義也。故聖人在上，以仁育萬物，以義正萬民。」（《通書‧順化》）所謂「一陰一陽謂之道」，這是以本體（道）來解釋價值（仁義）。

至於修行工夫，周敦頤主張「無欲」、「主靜」，這明顯是受佛、道兩家的影響。

他說：「聖可學乎？……一為要，一者無欲也，無欲則靜虛動直。靜虛則明，明則通。動直則公，公則溥。明通公溥，庶矣乎。」（《通書‧聖學》）人若能無欲，心靈就會虛靜，沒有私心，凡事都能公正無私地處理，這是至誠的境界，也是太極的境界，這就是周敦頤所說的「誠精故明，神應故妙，幾微故幽。誠、神、幾，曰聖人」（《通書‧聖》），「誠」跟「無欲」是相通的，因為「誠」能讓人面對自己，清理心中的私慾。

由此可見，「誠」既是本體，又是修行的工夫，「誠」，正是溝通天人的關鍵。

除「誠」之外，周敦頤的另一個修行工夫是「睿思」，他說：「〈洪範〉曰：思曰睿，睿作聖。……無思而無不通為聖人，不思則不能通微，不睿則不能無不通。……故思者，聖功之本。」（《通書‧思》）

「睿思」不是一般的思考，而是對宇宙本體的感悟，也可以說是一種形上的直觀。

不過，對於人性的問題，由於受魏晉以來才性的影響，周敦頤未能把握孟子性善論的真義，他說：「性者，剛柔，善惡，中而已矣。……中也者，和也，中節也，天下之達道也。」（《通書‧師》）又將善分為剛善和柔善，惡分為剛惡和柔惡，這樣人性就好像分成三品：善、惡、中，以「中」為最好，修行工夫就是要改變人的氣質，達到中和。

中和及中節之說出於《中庸》，但周敦頤只從氣質方面說中和，未能肯定《中庸》所講「天命之謂性」中的「性」乃義理之性，並非氣質的意思。

周敦頤的修養功夫與慧能修行觀

宋明理學祖師周敦頤的修行工夫有三個重點：

1. 主靜、無欲
2. 誠心
3. 睿思

南宗禪祖師慧能的修行工夫也有三個重點：

1. 無念
2. 無相
3. 無住

邵雍：精通八卦占卜的預言家？

邵雍（1011—1077），諡號「康節」，世稱邵康節。他得李之才傳授先天象數之學，著有《皇極經世》一書，用易理推衍出宇宙的運行及社會歷史的變遷。

象數之學是漢代易學的主流，至於「先天」則是指先天八卦圖，相傳此圖也是源自陳摶。不同於周敦頤的「五行說」，邵雍採用「八卦」來說明事物的生成變化。北宋五子中，只有邵雍之學沒有傳人，他死後便成絕學。

跟周敦頤一樣，邵雍也是以「太極」為萬物的根源，他說：「太極，一也，不動；生二，二則神也。神生數，數生象，象生器。」（《皇極經世‧觀物外》）「二」即陰陽，這是根據《易傳》的說法〔太極生兩儀（陰陽），兩儀生四象，四象變八卦〕而來，但「四象」是甚麼呢？

邵雍認為，在天，四象就是日月星辰；在地，四象則是水火土石，這八個元素交互作用而形成萬物。

邵雍認為，太極即是「道」：「道為天地之本，天地為萬物之本。」（《皇極經世‧觀物內》）又認為太極亦是「心」：「身在天地後，心在天地前，天地自我出，自餘何足言。」（《皇極經世‧觀物外》）從這個角度看，邵雍的宇宙論開啟了日後心學的傳統。

另外，邵雍以「元會運世」配以「日月星辰」，推衍宇宙的運行，他說：「日經天之元，月經天之會，星經天之運，辰經天之世。」（《皇極經世‧觀物內》）一元有十二會，一會有三十運，一運有十二世，一世是三十年，所以一元就有十二萬九千六百年，即宇宙的周期，經歷生成、發展、衰敗、滅亡。這種對世界生滅的看法，很明顯是受了佛教「成、住、壞、空」的影響。

邵雍認為，在宇宙萬物之中，以功用來說，人是最優秀的；而在人之

中，以德行來說，聖人是最優秀的。故人可以下通於物，也可以上達於聖人。

如何成為聖人呢？邵雍強調「觀物」的工夫，他說：「聖也者，人之至者也。……以一心觀萬心，一身觀萬身，一世觀萬世者焉。」（《皇極經世・觀物內》）所謂「觀物」其實就是反觀人的本性，回歸心靈的最高境界，那就可以做到「忘情」及「不為物累」。

八卦說 VS 五行說：闡明萬物的生成

八卦說和五行說是中國古代兩種相關但又不盡相同的理論，前者源於《周易》，後者則來自先秦的陰陽家。兩者都用來說明萬物的生成，但似乎八卦說比較合理，因為五行說未能交待清楚「陰陽」如何產生「五行」。

■ 張載：將「老吾老，以及人之老」的精神推及萬物

　　張載（1020—1077），橫渠鎮人，故又稱張橫渠，因在關中一帶講學，其學便稱為「關學」。他年青時立志從軍，得到范仲淹的賞識，授以《中庸》，於是改志為求道，曾任職官場，但不滿王安石的新政，故退下來專注於著書講學。他的思想亦是奠基於《中庸》和《易傳》，主要著作有《正蒙》和《經學理窟》。

　　《正蒙》主要講述一氣化宇宙論，張載說：「太和所謂道，……散殊而可象為氣，清通而不可象為神。」（《正蒙．太和》）這裏所講的「太和」，地位類似周敦頤的「太極」，為萬物的本體，是一種渾然一體的和諧狀態。張載又說：「太虛無形，氣之本體……氣不能不聚而為萬物，萬物不能不散而為太虛。」（《正蒙．太和》）「太虛」是對本體的另一種描述，氣正是萬物的本源，故太虛不是無，只是氣處於散的狀態，由此反對道家「有生於無」的說法。萬物的生成和毀壞，不過是氣的聚散而已，故人不應執生惡死，但亦要盡其為人的責任，所以張載譴責佛道兩家：「彼語寂滅者，往而不反；徇生執有者，物而不化。」（《正蒙．太和》）前者是批評佛家的空寂，後者則批評道教對長生的執著。

　　張載認為氣有清、濁之分，人的精神來自清的氣，人的身體來自濁的氣，並認為性有兩種，一種是「氣質之性」，另一種是「天地之性」；氣質之性可善可惡，天地之性才是人的本性，相當於《中庸》講的「天命之謂性」。

　　張載認為，為學的目的就是要將氣質之性轉化為天地之性：「為學大益，在自求變化氣質。」（《經學理窟》）但該學習甚麼呢？張載將知識分為兩種，「見聞之知」和「德性之知」；前者是依靠我們的感官接觸外物所獲取的知識，後者則須反省和體會，這才是真知。能轉化氣質之性的德就是「誠」。除了誠

的工夫之外，張載也很重視禮，跟荀子一樣，他認為禮教的作用是去惡，節制私慾，這樣就能轉化氣質。他當縣令的時候，就是以禮教為治。

《正蒙》中有一段文字，叫作〈西銘〉，原是張載貼在書房西牆上的座右銘，它是從本體論的角度來闡釋儒家的理想社會，最能表達儒家的精神。張載將天地視為父母，把所有人當作兄弟，以萬物為朋友，此所謂「民胞物與」。這跟他的氣化宇宙論是一致的，人既是萬物之一，亦是由氣所構成，萬物本為一體，所以人應以至誠的態度對待萬物。張載認為應以儒家的孝為起點，由孝敬父母開始，推廣開來，跟孟子所講「老吾老，以及人之老」的精神相通，不過，張載更進一步的是及於萬物。

雖然周敦頤和邵雍分別預見了後來宋明理學的兩個發展方向：性即理和心即理，但二人的思想還是有很重的道家色彩，相比之下，張載的儒家「成分」就純粹得多。他對「天地之性」和「氣質之性」的區分，以及「德性之知」和「見聞之知」的區分，都是後來宋明理學的重要課題。

張載「民胞物與」思想與墨子「兼愛」思想比較

墨子的兼愛只是對所有人施與同等的愛，並未推及萬物。

張載的民胞物與是儒家推己及人的更進一步，由人及物，由愛人到惜物。

❖ 二程：新儒學的主力軍

周敦頤、邵雍和張載三人開啟了新儒學的運動，周敦頤主靜，重視精誠；張載則強調變化氣質；雖然邵雍的觀物也有觀理的意思，但三人都未特別重視「理」，新儒學又名理學，全得力於程顥和程頤兩兄弟。正如程顥所說：「吾學雖有所受，『天理』二字卻是自家體貼出來。」（《宋元學案·明道學案》）

「理」不但是事物的最高法則，也是萬物的根源，具有本體的地位，「理」正是形而上的道，是形而下事物變化的根據。由於二程長期在洛陽講學，因此所傳之學稱為「洛學」。但二程的思想亦有顯著的分別，不過程顥早逝，而他的弟子又盡歸程頤門下，使得程頤的思想成為主流。

二程中，程顥（1032—1085）稍長，別稱明道先生，為官政績不錯，其座右銘為「視民如傷」，但他因跟王安石的新政不合，未能一展抱負。

程顥認為，作為萬物根源的天道或天理，不但存在於我之中，也存在於萬物之中，他說：「萬物皆備於我，不獨人爾，物皆然，都自這裏出去。只是物不能推，人則能推之。」（《二程全書·卷十二》）但人跟物不同，人能通過道德實踐表現天道，因為天道的特性正是「生生之德」，即「生生之謂易，是天之所以為道也。天只是以生為道，繼此生理者即是善也」（《二程全書·卷二》）。天道落在人性上便是「仁」，而繼承天道方向而行就是善。這種思路跟周敦頤一樣，都是以本體解釋價值。

程顥有兩篇重要的文章：〈識仁篇〉和〈定性書〉。所謂「識仁」就是要覺悟內在的仁：「學者須先識仁，仁者，渾然與物同體。義禮智信，皆仁也。識得此理，以誠敬存之而已。不須防檢，不須窮索。」（《宋元學案·明道學案》）仁者是渾然與物同體，這跟莊子講的「萬物與我為一」差不多，而「不

須防檢，不須窮索」亦近似禪宗明心見性的工夫。由於仁是內在於我們生命的，只要誠敬存養即可，那就能達致「定性」。

程顥說：「所謂定者，動亦定，靜亦定，無將迎，無內外。」(《宋元學案‧明道學案》) 由此可見，「定」是不分動靜和內外的，到達心與外物消融的境界，可稱之為圓融一體 。程顥又說：「夫天地之常，以其心普萬物而無心；聖人之常，以其情順萬物而無情。」(《宋元學案‧明道學案》)「無心」和「無情」的說法雖有佛老的味道，但程顥所講的人性，始終還是儒家的仁，所以「無心」「無情」不過是說沒有人的私心和私情，體悟到天道生生之德，並用於政治和民生。

程顥所講的性是跟氣混雜在一起的：「生之謂性，性即氣，氣即性，生之謂也。人生氣稟，理有善惡。然不是性中元有此兩物相對而生也。」(《二程全書‧卷一》)「性即氣」並不是說性就是氣，「即」是不相離，意思是性與氣混雜在一起。人的本性只有一個，那就是張載講的天地之性，那是至善的，而相對的善惡是由氣所造成，就是氣質之性。

程顥的「性即氣」

程顥以水來比喻性

性像水一樣，本來是至善，由於氣的混入，才有相對的善惡

水本來是清的，混入了泥沙之後就變濁了，但無論清濁，那都是水

泥沙（喻氣）

程頤（1033—1107）世稱伊川先生，比程顥小一歲。雖然兄弟二人的年紀、成長背景和求學經歷都差不多，但其實無論在性格還是思想上，二人都有顯著的不同。

在性格上，程顥圓融，讓人易於親近；程頤則嚴肅耿直，令人生畏。至於思想上，程顥重視內心的體悟，可謂心學的先驅者；而程頤則強調為學致知的重要性，後為朱熹所繼承，開創了影響深遠的程朱學派。

程頤與其兄不同，並沒有做過官，一生醉心於學術研究，但晚年為皇帝講學，涉及黨爭被貶。

程頤對易學很有研究，著有《易傳》一書，他的易學走的是張載的路線，乃用儒家思想解釋易，此所謂「義理易」，不同於周敦頤的「道家易」或邵雍的「象數易」，而朱熹的《易經集注》正是本於程頤的易學。

程頤的工夫論特點在於「涵養」和「進學」，此所謂「涵養須用敬，進學在致知」（《二程全書・卷十八》）。

在先秦儒中，「敬」是指一種對人對事的慎重態度，但到了程頤那裏，「用敬」就成為一種內修的工夫，目的是令意志專一，不為外物所動，所以又叫作「主一用敬」。

「致知」有兩種意思，一是格物理，例如「火熱」；二是明事理，例如「孝父母」。程頤認為，努力研究事物的道理，日子一久，觀理的能力自然會提高，而且最後能豁然貫通，認識眾理之理，即「須是今日格一件，明日又格一件，積習既多，然後脫然自有貫通處」（《二程全書・卷十八》）。不過，因為進學的目的是為了成聖成賢，所以程頤還是重事理多於物理，也重視見聞之知和德性之知的分別。

總的來說，二程不僅是北宋時期新儒學的「五子」之一，他們所創立的「洛學」，更使理學形成了完整的形態，因而他們又是宋明理學的實際創立者。

程頤與蘇軾的「黨爭」

❶ 司馬光去世的時候，皇帝正率領大臣們舉行了明堂祭拜的重大典禮，大臣們來不及在第一時間去奠祭司馬光；等到完成了所有儀式，他們希望馬上趕去弔唁司馬光，但程頤卻根據儒家的禮法，攔住了大家。他引用《論語》中孔子的話，認為參加了明堂吉禮後不該又去弔喪。蘇軾覺得他太過不近人情了，便譏嘲了一番。

這是枉死市叔孫通所制的禮。

是日哭則不歌。

浮薄文人！

事必古禮，言必聖賢，真是個老古董！

蘇軾

程頤

你這些禮節還是有些疏失，應該寫個信物，送去給閻羅王。

真是越來越討厭你了！

蘇軾

程頤

❷ 於是大家以蘇軾為首，帶了祭文，不顧程頤的反對，就前往司馬光家中奠拜，結果程頤也趕到司馬家去，叫司馬家的兒孫們不得接受悼祭。大家覺得很沒趣，蘇軾忍不住，就針對程頤替司馬光所辦的古禮儀式，又諷刺一番。

＊ 以程頤為代表的洛派，與以蘇軾為代表的蜀派，就此壁壘分明，成為宋代紛亂的黨爭的一部分。

＊ 其實蘇軾與程頤，一個是大才子，一個是道學君子，政治主張接近，也都尊崇儒家和孔孟之道，只是由於個性差異才引發矛盾衝突，加上附屬於二人的末流，彼此意氣用事，結果弄出許多爭執。

南宋二宗：朱熹與陸九淵

程頤死後二十年，北宋滅亡，宋室南渡，二程的弟子楊時等人也將理學帶到南方，到了朱熹，已是二程的第四代傳人。

一般會將宋明理學分為「性即理」和「心即理」兩派，前者以程頤和朱熹為代表人物，後者以陸九淵和王陽明為代表人物。朱熹和陸九淵為同時代的人，由於觀點不同，二人有過激烈的爭論。

朱熹：孔孟之後最有影響力的大儒

朱熹（1130—1200），南宋人，後世尊稱為「朱子」，曾任知府、知州等職，因長期在福建講學，其學也被稱為「閩學」。雖然被譽為理學的集大成者，但其實朱熹主要繼承的是程頤之學。朱熹接過了韓愈的道統說，並認定二程繼承了中斷已久的道統。

朱熹著作等身，重要的有《易經集注》《四書集注》《太極圖說解》《通書解》《朱子語類》《近思錄》等，可說是繼孔孟之後最有影響力的大儒，其《四書集注》被元、明、清三代奉為科舉考試的指定教科書；朱熹之後，四書也取代了五經的地位，成為儒家的主要經典。四書的主要內容為內聖之學，亦即教導人如何修養自己。

除了著書之外，朱熹在教育方面也有很大的成就，他創立了白鹿洞書院，開書院講學之風，培養了不少人才。然而，他政治上卻不得意，晚年因主戰金國得罪了議和派，其學被抨擊為偽學，其人也被誣陷結黨，險些喪命。

形上學方面，朱熹說：「總天地萬物之理，便是太極。」（《朱子語類·卷九十四》）太極即是理，理是萬物的根源，亦為萬物的最高法則，理是形而上的；除了理之外，萬物的構成還有氣，氣是形而下的。換言之，萬物都是由理氣所構成，這是理氣二元論；不過，理是首出的，朱熹說：「未有天地之

先，畢竟也只是理。有此理，便有此天地；若無此理，便亦無天地，無人無物，都無該載了。」（《朱子語類‧卷一》）

朱熹講的「理」類似於柏拉圖的「理型」，萬物都有其「理」作為理想或規範。「理」也相近於亞里士多德講的「形成因」和「目的因」，而「氣」則類似亞里士多德講的「質料因」（天然的、未分化的材料）。

月印萬川與理一分殊

> 合天地萬物而言，只是一個理。

天理只有一個，這是「理一」；天下萬物由理所生，但萬物都不同，各有各的規律，這是「分殊」。朱熹以「月印萬川」為喻來說明「理一分殊」的意義。

關於人性論，一方面朱熹繼承了程頤的「性即理」，說：「性者，人之所以得於天之理也。」（《四書集注‧孟子‧告子章句上》）另一方面他引用張載「天地之性」和「氣質之性」之分，說：「論天地之性，則專指理言；論氣質之性，則以理與氣雜而言之。」（《朱子文集‧答鄭子上》）理是至善的，所以天地之性也是至善的，而氣有清濁，所以氣質之性有善有惡。

那麼，如何去惡從善，恢復人的天地之性呢？朱熹認為，性是理，情是氣，情會產生欲，而不當的欲則導致惡；當然，欲也有好的，例如惻隱之情所欲的是仁。朱熹主張「心統性情」，心能認知理，有主宰性，能統性情，使情合乎性。朱熹說：「仁、義、禮、智，性也，體也。惻隱、羞惡、辭讓、是非，情也，用也。統性情，該體用者，心也。」（《朱子文集‧答鄭子上》）性情也就是體用的關係，心之體是性，心之用是情。當心未發之時，須做涵養的工夫；當心發為情時，則須察識，對於不當的情感，要加以制衡和調節。

朱熹的工夫論可以概括為「存天理，去人欲」，要存天理，就要先認識天理，那需要做格物窮理的工夫；至於去人欲，則需要主敬的工夫。朱熹的「格物窮理」和「主敬」工夫，明顯是繼承程頤所講的「進學」和「涵養」。

朱熹學說兼收並蓄，規模宏大，但也不免跟其他思想發生衝突，最著名的就是他跟陸九淵的爭論，後面會談到，這裏簡單介紹一下他對佛家及當時功利思想的批評。

朱熹認為，佛學中以禪為害最大：「禪學最害道，莊老於義理絕滅猶未盡，佛則人倫已壞。至禪，則又從頭將許多義理，掃滅無餘。從此言之，禪最為害之深者。」（《朱子語類‧卷一百二十六》）朱熹的批評主要有兩點，一是人倫方面，二是心性方面。

佛家破壞人倫秩序之說，韓愈早已提及；至於心性的批判，朱熹認為佛家的心性只講空理，超越是非，但無是非的後果為害極深；而儒家的心性則

要明辨是非，這是實理，能為文化建設提供價值和方向。

前面說過，最廣義的「理學」還包括王安石等人的思想，可以籠統地稱之為「事功派」。事功派主張功利，也可以說是重視外王方面，他們不滿於朱陸的理論流於空談，沒有實質的功效。在朱熹的時代，此派的代表人物有陳亮、葉適和呂祖謙等。呂祖謙是朱熹和陸九淵的共同朋友，也正是他安排二人會面論學。

朱熹 pk 陳亮：王霸義利之辯

俺既是思想家，也是詞人喲！辛棄疾也是我的好基友……辯論可以加分嗎？

義利之辯
仁義應放在首位，講功利只會亡國

王霸之辯
堯、舜、禹和三代行的是王道，但以後行的都是霸道，以致人欲橫流，講功利只會亡國

天理人欲之辯
天理與人欲對立，不正當的慾望就是人欲

朱熹

義利之辯
為學的主要目的是富國強兵

王霸之辯
不合乎事實，漢唐盛世不正是道的體現嗎？

陳亮

天理人欲之辯
人欲合乎天理，例如喜歡吃好味的東西是合乎人性的，去人欲違反人性

朱熹跟陳亮的激辯世稱「王霸義利之辯」，此辯涉及義與利、王與霸、天理與人欲等問題，歷時十一年。

■ 陸九淵：心學的創始人

陸九淵（1139－1193），因講學於象山書院，又稱象山先生，是心學的創始人。所謂心學是相對於朱熹的理學（即狹義的理學）而言，陸九淵認為人心本就具有天理，不須向外求索，所以反對朱熹窮理之說，而主張明理。

陸九淵並無師承，但他的思想跟程顥隔代呼應，也不妨稱程顥為心學的先驅者。除了講學之外，陸九淵也具備政治才能，他治理荊門時，只用了一年多就完成了築城牆、修武備、辦學校等事務，將一切管理得井井有條。

陸九淵視心為萬物的本源，他說：「宇宙便是吾心，吾心即是宇宙。」（《象山全集·卷二十二》）又說：「此心此理，我固有之。所謂萬物皆備於我。」（《象山全集·卷一》）由此主張「心即理」，用以對抗朱熹的「性即理」。

此心既是我們所固有，那該如何做工夫呢？陸九淵說：「先立乎其大者。」（《象山全集·卷一》）立是立志，立志做一個堂堂正正的人，正所謂「若某則不識一個字，亦須還我堂堂地做個人」（《象山全集·卷三十四》）。認識自己的本心，靠的是反省和體會，但陸九淵並不是說讀書不重要，本心立了之後再去讀書，那就可六經皆我注。

本心立了之後，還須存養，所謂「養心莫善於寡慾，慾去，則心自存矣」（《象山全集·卷三十二》）。除了去除物慾的蒙蔽之外，還須免受邪說的迷惑，即「外物不能移，邪說不能惑」（《象山全集·卷一》）。

要注意的是，對陸九淵來說，佛道兩家都是邪說，因為理的內容正是儒家的義理，他說：「仁即此心也，此理也。求則得之，得此理也，……愛其親者，此理也；敬其兄者，此理也。見孺子將入井，而有怵惕惻隱之心者，此理也。可羞之事，則羞之；可惡之事，則惡之，此理也。……敬此理也，義亦此理也。」（《象山全集·卷一》）

　　陸九淵不同於周敦頤和張載，他不談宇宙的生成變化，直接透過內心的體驗去把握天理，但因強調心靈的明覺，易被人質疑是佛家思想，特別是禪宗講的「明心見性」。但儒家論的心是仁心，不同於佛家的如來藏自性清淨心。

陸九淵對佛儒的看法：佛家重利，儒家重義？

佛家
求了脫生死只是為了自己，
是私心的表現，重利

儒家
完成道德責任是公心的表現，重義

陸九淵認為，佛家了脫生死只是為了自己，但儒家卻是一片公心。這個觀點有點以偏概全。

朱陸異同：人路先後不同，終極目標一致

　　陸九淵批判朱熹之學，自然會引發論辯。公元 1175 年，呂祖謙約了陸九淵兄弟二人和朱熹在鵝湖寺會面，討論雙方的觀點，這是中國哲學史上的一件大事，世稱「鵝湖之會」。朱熹認為對成德來說，格物窮理是非常重要的，故主張「泛觀博覽，而後歸之約」，必須先研究事物，獲取知識，有了知識就能明辨是非，認識天理；但陸九淵認為這是捨本逐末，因為天理就在人的心中，所以「明本心」才是最重要的。

鵝湖之會：由學術調解到「約架」事件

* 鵝湖之會有多人參與，主持人是呂祖謙，為「心即理」辯護的是陸九齡和陸九淵兩兄弟，跟他們論辯的對手是主張「道學問」為先的朱熹。
* 論辯並沒有拉近雙方的距離，反而使之更加對立。

一般將朱陸的不同理解為「道問學」和「尊德性」的分別，但此說宜作解釋，否則容易引起誤解。《中庸》說「尊德性而道問學，致廣大而盡精微，極高明而道中庸」，德性與學問並重，難作二分。不錯，「格物窮理」屬於「道問學」，但朱熹也講「主敬」，那就是「尊德性」；至於陸九淵，也不是否定讀書學習，不過他認為首要的是「先立其大」，而朱熹卻以學習為起點。由此可見，朱陸只是入路先後不同，目標則是一致的，就是成聖成賢，就好像禪宗南北兩派的頓悟和漸悟之分。

十多年之後，陸朱還有另一次爭辯，雙方用書信進行筆戰，今次的爭議在於太極之上是否須安立無極。陸九淵認為周敦頤的《太極圖說》有問題，因為「太極」已經是至高的真理，認為在「太極」之上還有「無極」的說法，分明是道家的思想；但朱熹認為，「無極」只是用來形容「太極」的無形，並不是「太極」之上還有一個境界叫作「無極」，他說：「不言無極，則太極同於一物，而不足為萬化根本；不言太極，則無極淪於空寂，而不能為萬化根本。」（《象山全集‧卷二》）

朱陸兩次爭論中，從哲學意義上來說，第一次比較重要。對於「心」的了解，陸九淵可以說是繼承了孟子，這個「心」本身就具備了仁、義、禮、智等特性，「心」正是一切義理的標準，所以陸九淵才會說：「萬物皆備於我，不假外求。」萬物的法則不就是理嗎？雖然朱熹所講的心能認識理，也有主宰性，但理是在心之外的。難怪牟宗三判斷朱熹為歧出，陸九淵才是真傳；但由於朱熹之學規模宏大，所以牟宗三說朱熹是「別子為宗」。

說陸九淵得到孟子的真傳，大抵沒有錯；但說朱熹不是正宗筆者就不大同意，因為事實上孔子也十分重視學習，認為所有有助於道德修養的都必須學習。情形就好像歷來對荀子的評價，一般視孟子為孔子的真正傳人，判定荀子為歧出；但筆者認為孟子和荀子都是繼承孔子而有所發揮，孟子重視的

是孔子的仁和義，荀子則注重孔子的禮和學。

當然，朱熹也不會同意荀子繼承了道統；不過，其實朱熹所講的「心」是接近荀子的意思，從這個角度看，朱陸的不同，也正是荀孟的差異。孟子講的心（惻隱、羞惡、辭讓、是非）內含道德義理；但荀子講的心純粹是認知性和抉擇性，能認知道德義理，作道德抉擇，但卻非義理的標準。荀子強調虛壹而靜的工夫，目的就是培養心的清明，提升心的專注力和判斷力。程朱學派所講的靜坐，也是叫人的心靜下來，專注於一事。

朱陸學說關於「心」的不同

成為明代思想的主流
心學的發展

雖然陸九淵對朱熹之學作出批評，但卻無損其流行，直到明初，朱熹之學仍然是主流，明成祖時更編了《性理大全》《四書大全》等書，以朱熹之學為官學，當時的名儒如宋濂、方孝儒、薛瑄、胡居仁等都屬於程朱學派。相比之下，陸九淵心學的傳承就顯得凋零，也許是心學重體悟，非天分高者難以契合，直到王陽明出，心學才得以發揚光大。

心學在明代能夠大盛，除了王陽明的個人感召力之外，恐怕跟明代的政治黑暗也有關係，因為政治愈黑暗，人就愈傾向於退回內心世界，這種大背景有利於心學的發展。而程朱學派人士為了避免政治上的禍害，紛紛埋首於學究式的繁瑣之學。

在陸九淵和王陽明之間，還有一個重要的心學傳人陳獻章（1428—1500）。陳獻章本是廣東新會都會村人，後遷居白沙鄉，故又稱陳白沙。

陳獻章一生很平淡，也沒有當過官，但在心學的發展上，具有承先啟後的作用，他的學生湛若水與王陽明為友，陽明也正是透過若水接觸心學。陳獻章繼承了陸九淵「心即理」的要旨：「此理干涉至大，無內外，無終始，無一處不到，無一息不運。會此，則天地我立，萬化我出，而宇宙在我矣。」（《白沙子全集‧與林緝熙書》）

陳獻章認為，人的「自我」可無限擴大，「人爭一個『覺』字，才『覺』便我大而物小，物盡而我無盡」（《白沙子全集‧與林時矩書》），人是無限的，萬物由於人的知覺而存在。

陳獻章的工夫要點是「靜坐」：「為學須從靜坐中養出個端倪來，方有商量處」（《白沙子全集‧與賀克恭書》），這個端倪即孟子講的善端。

除此之外，他還主張「順乎自然」，不受外界事物的束縛，那就可以達到「自得忘我」的境界。

王陽明：宋明理學家中事功最大者

　　王陽明（1472—1528），本名王守仁，自號陽明子，世稱王陽明。年青時的王陽明興趣十分廣泛，既好任俠，學騎射；又想做文豪，作詩詞；亦曾醉心於神仙之術及佛家的修行，但最後還是回到儒家。最初他專注於朱熹之學，但因「格」竹子（對着庭院中的竹子觀察了七天七夜，想悟出竹子的道理）害了一場病而無所得，於是放棄了格物窮理之途。後因得罪宦官劉瑾而被貶到龍場，在此悟出「格物致知」的道理，大悟後屢建奇功，官至兵部尚書，是宋明理學家中事功最大的一員。王陽明的代表作有《傳習錄》和〈大學問〉一文。

　　心學的主旨是「心即理」，王陽明是心學的繼承者，當然也主張「心即理」，他說：「心即理也，天下有心外之事，心外之理乎？……此心無私欲之蔽，即是天理。」（《傳習錄·上》）陽明所講的「私欲」，亦即朱熹所講的「人欲」；陽明所講的天理，亦即朱熹所講的天理；那麼，朱熹所講的「存天理，去人欲」，陽明也會同意，區別在於大家對「心」的理解，上一節已討論過朱陸的不同，陽明則將心擴大，打破心物的界限，即「心外無理，心外無事」，「心外無物」（《傳習錄·上》）。

　　王陽明以孟子的「良知」來闡發「心即理」的意義，良知不但是價值判斷的主體，也是價值標準的來源，良知可感通萬物，這就是陽明講的「一體之仁」。修行工夫方面，王陽明對「格物致知」作了新的解釋，「格」的意思是「正」，由於物在心中，所以格物就是「端正心中的意念」；「知」的意思是良知，致知就是「致良知」。也可以說「格物」是去惡，「致知」是擴充良知，跟「誠意」和「正心」連在一起，「格物，致知，誠意，正心」四者為一，不再是《大學》所講的次第關係。王陽明的學說可概括為四句教：「無善無惡心

之體，有善有惡意之動，知善知惡是良知，為善去惡是格物。」正好對應了「（正）心，（誠）意，（致）知，（格）物」的工夫。

陽明學說的另一個特點就是「知行合一」，一方面是針對朱學末流只講知識的學習卻忽視道德實踐，另一方面也是批評朱熹「先知後行」的主張。當然，朱熹也認為「行」是重要的，他說：「知行常相須，如目無足不行，足無目不見。論先後，知為先；論輕重，行為重。」（《朱子語類．卷九》）陽明以「好好色，惡惡臭」為喻來說明知行合一的意思，「好色」是「知」，「好好色」是「行」，我們不是見到美色之後才說喜歡，也不是聞到惡臭才覺得討厭，而是見美色的同時就喜歡，聞惡臭的同時就討厭，知行是不可分的。要注意的是，陽明所講的「行」是廣義的，包括了意念的發動。

陽明講的「知」主要是「良知」，「行」就是良知的發用，所以知行其實是體用的關係，知行合一就是體用不二。當一個人體驗到自身的良知，即表現出儒家所講的惻隱、辭讓、羞惡、是非之心，這已經屬於王陽明所講的「行」，即意念的發動。知孝悌，必然行孝悌，知而不行就不是真知。

王陽明所說的「知」「行」是甚麼意思？

王陽明重視的不是一般的知識，「知」是道德之知，「行」是道德實踐，也包括動機。

■ 陽明後學：王陽明學說的深入和普及化

自此王陽明的心學成為了主流思想，明末更傳至日本，被稱為「陽明學」，其「知行合一」學說在一定程度上推動了明治維新運動。王陽明有很多弟子，遍佈大江南北，根據他們的活躍地區可分為七派：浙中、江右、南中、楚中、北方、粵閩、泰州，其中以浙中派、泰州派和江右派較為重要。

浙中派以錢德洪（1496—1574）、王畿（1498—1583）為代表人物，錢德洪概括王陽明學說為「四句教」；王畿則主張「四無教」，即「無心之心」「無意之意」「無知之知」「無物之物」。

錢王二人針鋒相對，互不相讓，於是找來老師評理。陽明指出，四句教適合根機較鈍之人慢慢做工夫；而四無教則適合根機較銳之人，直指本體。兩者的分別，也有點像禪宗所講的漸修和頓悟。

而事實上，王畿之學的確近於禪，他認為良知「當下現成，不假工夫修整而後得」（《明儒學案·卷十二》）。這種「良知現成」的說法，產生了輕視修行的不良後果。

泰州派以王艮（1483—1540）為代表人物，他立志要將陽明之學普及天下，特別喜歡向底層社會講學，吸引了不少市井之徒。他認為，聖人之道，無異於百姓日用，首要的是「安身」，解決生活所需，才有基礎講儒家的義理。雖然王艮對陽明學說的通俗化推廣有很大的貢獻，但他所宣揚的「滿街都是聖人」卻引致陽明末學之弊，比之王畿的「良知現成」更甚。

王陽明認為良知乃是非的標準，人人都具備良知，又重視良知的直接發用，因此即使是愚夫愚婦，也有可能隨時呈現良知，所以他們都是潛在的聖人。這種思想經先天正心派推廣之後，發展到末流就變成了不重工夫的空談。王陽明在世時，禪宗已出現了不重實踐、只說漂亮話的狂禪，成為禪宗的末流；到了陽明後學時期，心學也有同樣的遭遇。

　　江右派的代表人物聶江（1487—1563）反對「良知現成」之說，跟王畿有過激辯，他主張透過靜坐的工夫回復良知寂體，跟周敦頤的「主靜、無欲」的修行相似。

　　另外值得一提的是泰州派的羅汝芳（1515—1588），他認為良知的理論太多、太複雜，但「講良知」不等於「良知的呈現」，反而產生了欲求良知的執著，令我們遠離良知。良知的理論只是良知的影子，並不是良知，要良知呈現，就必須破除「光景」，不要執著於良知的理論。

　　羅汝芳之說有破除語言、文字執著的味道，近於禪宗。但問題可能是我們根本無從判斷這些有關良知的不同理論何者較為合理，他們彷彿各說各話；不過，這不表示辯論沒有其價值，就以王陽明「四句教」第一句為例，「無善無惡心之體」為例，筆者認為用「無善無惡」來形容心體是不恰當的，既然心無善無惡，何以良知能知善知惡呢？如果心是超越相對性的善惡的，何不用《大學》的「至善」或「非善非惡」來形容呢？

陽明後學的兩大派

先天正心派

思想
直接體悟良知，不用透過為善去惡來修正良知，悟本體即是工夫

代表人物
浙中派的王畿、泰州派的羅汝芳

後天誠意派

自淨其意，為善去惡。

思想
良知呈現在心中時會受私慾影響，所以必須做為善去惡的工夫

代表人物
江右派的聶豹、羅洪先

▤ 劉宗周：理學的最後一位大師

　　劉宗周（1578—1645）是明末人氏，也可以說是理學的最後一位大師，因在蕺山講學，故又稱劉蕺山。劉宗周對陽明後學所產生的流弊有深刻的批評，他說：「今天下爭言良知矣，及其弊也，猖狂者參之以情識，而一是皆良；超潔者蕩之以玄虛，而夷良於賊，亦用知者之過也。」（《劉子全集·證學雜解·二十五》）「猖狂者參之以情識」這一句，是批評泰州派以人的日常情識視為良知的顯然；「超潔者蕩之以玄虛」這一句，則批評浙中派特別是王畿的「四無說」導致良知空懸之弊。

　　針對陽明末學的空疏蕩越，劉宗周主張誠意慎獨之教，以正良知教的流弊。「慎獨」一說本出於《中庸》和《大學》，劉宗周將其工夫意義提升到本體的層次。

　　依《大學》的說法，一個人獨處時，更要關注自身的起心動念，嚴守自正，不自欺，「慎獨」在於誠意；劉宗周則將「意」提升到本體的層次，他說：「意根最微，誠體本天。」（《劉子全集·卷十二》）「誠」即是「意」的真實無妄。劉宗周將「意」和「念」區分開來，他說：「意者，心之所存，非所發也。……意之好惡，一機而互見；念之好惡，兩在而異情。以念為意，何啻千里？」（《劉子全集·語類十四·學言中》）劉宗周視「意」為心之根本，非心所發，心之所發的是「念」。

　　其實劉宗周所講的「意」類似於王陽明的「良知」，能知善知惡，因為「知藏於意」；而「念」則相若於王陽明的「意」，有善有惡。王陽明良知教的重點是在良知發用時體證之，其實是繼承了孟子、陸九淵「先立其大」的簡易工夫，而良知教的流弊不過是其後學忽視了存養的工夫。

　　用現代的話講，劉宗周的「意」就是道德意志，修行就是要對「意」做

工夫，令道德意志純化，那就可免於「良知蕩越」及「誤將情識當良知」之弊。

然而，劉宗周之學實在難以力挽狂瀾，明末政治日漸腐敗，終致亡國，王學末流被視為主因，而整個宋明理學也被批評只知空談心性，無經世致用的價值。明亡後，劉宗周絕食殉國，反而被譏笑為「無事袖手談心性，臨危一死報君王」。

「慎獨」：劉宗周的自我反省清單

劉宗周把自己可能犯的過錯分為六大類：

六過：
微過、隱過、顯過、大過、叢過、成過

微過
念頭升起之前的潛伏過錯

隱過
藏而未露的過錯

顯過
表現於形體動作不敬的過錯

大過
違背天地君親師五倫的過錯

叢過
各种行為過錯

成過

劉宗周在靜坐時反思自己近來的言行，運用清單條目，一一對照，直到錯誤盡顯，邪念去盡，恢復人之本來面目。

5 對宋明理學的評價 _____

宋以前，儒家以五經為經典，重視外王之學，即使是提出道統說的韓愈，其實也是偏重於外王的；但到了宋代，學風為之一變，四書取代了五經的地位，理學家重視的是內聖之學。

從振興儒家、鞏固人倫秩序、改良社會風氣等方面看，宋明理學當然有其不容忽視的價值。這些理學家都是道德修養極高之人，而且大多淡泊名利，過着貧苦的生活。然而，理學家嚴於律己，卻又苛於責人，他們太過強調義利的對立，以為一講利益就違背道德，所以宋儒反對王安石的政治改革，對王安石的批評也往往流於人身攻擊，並引發黨爭。

理學家視內聖為外王的先行條件，將政治看成是道德的延續，忽視了政治領域的獨立性，以致外王不興。宋朝的積弱，看來理學家也要負上部分的責任。更有一些小人假借師門派系，結黨爭鬥，造成了宋代元祐和慶曆兩次黨禁，為害不小。

理學家的問題正是把是非黑白看得太分明，將天理與人欲完全對立起來，一些本來沒有普遍意義的道德規範也絕對化了，說甚麼「餓死事小，失節事大」，以理殺人不是更恐怖嗎？這種主張不但霸道，而且給人很大的道德壓力，結果出現了不少偽君子，滿口仁義道德，卻只說不做。明代有一位李贄，就喜歡批評這種假道學，他還主張婦女可以選擇結婚的對象，寡婦再嫁也沒有問題，因此被衛道之士斥為「妖人」。

理學的霸道，從它對佛家的批評也可見一斑。理學以復興儒家為己任，跟佛教競爭本無可厚非，但其排拒佛道的做法卻只是門戶之見。

佛教和道教本是宗教，旨趣在於死後之事，超越人間；儒家重視的是現世，自然較為積極進取，關心人倫秩序，兩者目的根本不同。佛教追求的是形而上層面的不斷提升，這亦是宋明儒所不能了解的。從佛家的角度看，儒家最多只在大乘菩薩的修行階段，但宋明儒家卻指摘佛教中人離經叛道。至

於宋明儒所批評的狂禪，那不過是個人問題，跟禪宗本身無關，況且陽明末學也一樣流於空疏，這亦不應歸罪於王陽明。

宋明理學存在的問題

過於強調義利的對立

反對增加社會效益的政治改革，以致外王不興

天理與人欲過分對立

將沒有普遍意義的道德規範絕對化，
損害人的幸福

排斥佛教

門戶之見，亦可見宋明理學的霸道

為天下之大害者，君而已矣。

——黃宗羲

第六章

清代經學：回歸漢唐以前的經學傳統

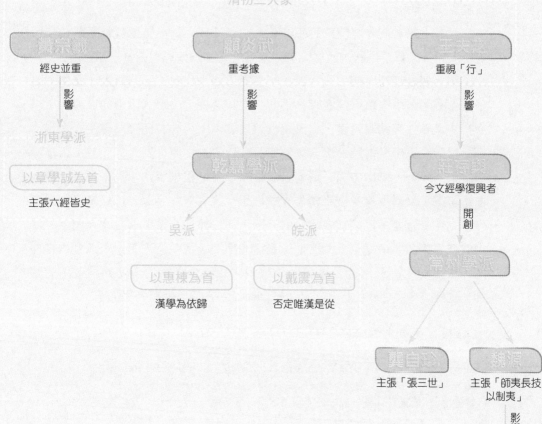

清初三大家

黃宗羲 — 經史並重
影響
浙東學派
以章學誠為首 — 主張六經皆史

顧炎武 — 重考據
影響
乾嘉學派
吳派 — 以惠棟為首 — 漢學為依歸
皖派 — 以戴震為首 — 否定唯漢是從

王夫之 — 重視「行」
影響
莊存與 — 今文經學復興者
開創
常州學派
龔自珍 — 主張「張三世」
魏派 — 主張「師夷長技以制夷」
影響
康有為 — 繼承公羊學，吸收西學如進化論和社會主義，謀求改革

在《中國近三百年學術史》一書中，梁啟超認為，清代思想的大方向，是由反宋明理學回到漢唐以前的經學傳統，總共有四個階段：1.啟蒙期：反明復宋，注重實學；2.全盛期：反宋復（東）漢唐，主張訓詁考據；3.蛻變期：反東漢復西漢，主張公羊學；4.衰落期：反西漢復先秦，重視諸子百家，挑戰儒學的地位。

大體上筆者同意將清代思想區分為四個時期，但衰落期其實相若於西學的傳入，不能算是中國古代思想，因此筆者只將清代思想分為三個時期。

第一個是清初，明亡後知識分子痛定思痛，反省亡國的原因，認為主要是因為陽明末學空疏，儒者束書不觀，空談心性，欠缺了治國的實力。所以清初知識界主張轉虛為實，提倡經世致用之學；另一方面又高舉民族大義，傳播反清的思想。當時女真族以異族的身份入主中原，對漢族同時採用高壓和懷柔的政策。學術方面，清朝重辦科舉，推崇程朱學派，以朱熹的注解為標準答案，試圖以科舉控制讀書人的思想；又大興文字獄，燒毀禁書，知識分子為免受牽連，避談社會政治的議題，紛紛轉向訓詁考據之學，成就了清中的乾嘉學派，這是第二個時期。到道光期間，清朝國力下滑，兼且內憂外患，後更有太平天國的動亂和鴉片戰爭，知識分子重拾清初通經致用的精神，這就是今文經學的復興，乃第三個時期。三個時期可列表如下：

啟蒙期	清初	經世致用，強調民族復興
全盛期	清中	科舉和文字獄鉗制思想，知識分子以考據為主，避談政治
蛻變期	清末	內憂外患，清朝國力下降，思想變得自由，以今文經變革圖強

雖然這三個時期的學術關懷都不一樣，但對經典的重視、考據態度之嚴謹，以及實事求是的精神卻是相同的，也不妨以「經學」稱之。

清初思想：由務虛轉為務實

　　明亡之後，有識之士進行深切的反省，大都歸罪於宋明理學尤其是王學末流空談心性，不重實務。在這些批判者當中，有三人比較重要，分別是黃宗羲、顧炎武、王夫之，人稱「清初三大家」。黃宗羲長於史學和政治哲學，顧炎武提倡考據，王夫之則以哲學思辨見稱。雖然三大家各有所長，但都重視實學，主張經世致用。他們都認為，改朝換代並不可悲，民族興亡才是最重要的。清兵入關後，黃宗羲組織義軍，以四明山為根據地對抗清兵；顧炎武亦參與崑山和嘉定等地的抗清活動；王夫之則先在衡山舉兵抗清，後加入南明桂王政府。明亡後三人也不願出仕清朝，甚有氣節。

　　但正如黃宗羲說：「天下之治亂，不在一姓之興亡，而在萬民之憂樂。」（《明夷待訪錄‧原君》）其實我們也可以反問黃宗羲：「如果外族能帶來太平盛世，又該當如何呢？」

　　除三大家之外，清初另有一些主張實用和功利的思想家，以顏元為首，也是針對宋明理學的空疏而提倡務實。顏元以力行為主、講學為輔，除了培養文武人才，亦重視帶來社會效益的技能和學問，例如農事、水利、建築等。

王夫之與清朝不共戴天

我與韃子不共戴天！

都說和尚打傘是「無法（髮）無天」，您這是——？

王夫之

王夫之晚年很少出門，一旦出門必會頭上打着雨傘，腳穿木屐，要表達的就是跟清朝不共戴天，不踏清朝之地。

黃宗羲：批判君主制墮落的第一人

黃宗羲（1610—1695），別號「梨洲老人」，是劉宗周的學生，屬於陽明心學一系，與其師一樣，是王學的修正者。重要著作有《明夷待訪錄》《明儒學案》《宋元學案》（全祖望續成）等。

除繼承其師誠意慎獨之教外，黃宗羲針對王學空疏之弊，主張經史並重，才得以用世。

黃宗羲晚年在故鄉浙江講學，其重史學及經世致用的思想影響了後來的浙東學派。

不少人認為，黃宗羲最特出的是其政治主張，因為他敢於批評君主專制的禍害，「為天下之大害者，君而已矣」（《明夷待訪錄·原君》）。梁啟超甚至認為黃宗羲在《明夷待訪錄》中表露出民主的精神，並拿來跟盧梭的《社會契約論》比較。

但其實黃宗羲並沒有質疑君主制本身，他只是批評君主制的墮落，原因是君主將天下當成是自己的私產，國家和人民變成了君主謀取私利的工具。黃宗羲還是不折不扣的傳統儒家，主張的是聖君賢相，認為為君者應該為人民謀幸福，「不以一己之利為利，而使天下受其利；不以一己之害為害，而使天下釋其害」（《明夷待訪錄·原君》）。然而，這只是民本思想，不是民主思想，充其量只符合林肯所講的民享，並沒有民有和民治。

但黃宗羲有兩點改革主張筆者是同意的，一是增加太學的功能，使之成為一議事機構；二是反對「工商為末」的一貫政策，主張「工商為本」，提升經濟實力。

筆者反而覺得黃宗羲的貢獻在於開創了史書的新體裁——「學案」，他所寫的《明儒學案》共六十二卷，有十九個學案，以王陽明學說為主，記載了

二百一十位學者的思想主張，總結了明代思想的演變。

　　黃宗羲在《明儒學案》中提出了幾個研究學術史的原則，第一是先了解學派的宗旨，即「大凡學有宗旨，是其人之得力處，亦是學者之入門處」（《明儒學案·凡例》）。第二是釐清各人的獨特見解，即「學問之道，以各人自用得着者為真」（《明儒學案·凡例》）。第三是考察各派之間的關係，掌握其發展或演變的過程，即「於是分其宗旨、別其源流，……學案宗旨雜越，苟善讀之，未始非一貫也」（《明儒學案·自序》）。

　　後來全祖望續寫《宋元學案》、徐世昌和吳廷燮撰寫《清儒學案》，都深受此書的影響。

黃宗羲如何「撕」王陽明？

王陽明主張「無善無惡心之體」「悟本體即是工夫」，對此，黃宗羲一一予以反駁。

顧炎武：君子之學以「明道」和「救世」為目標

顧炎武（1613—1682），因故居旁有亭林湖，被尊稱為「亭林先生」，自少博覽群書，熟讀歷代的政書、地理志和郡縣志，並且注重實地考察，結合書本的知識，寫成了《肇域志》《天下郡國利病書》和《日知錄》等書，將其學用於社會，以改善民生和經濟。以《天下郡國利病書》為例，這本書詳細講述了各處的地形、水利、防衛、物產和賦稅等情況，這些都是有利於治國的實用性知識。

顧炎武反對王陽明的心學，對朱熹的「格物窮理」有一定程度的認同，但總的來說，他批評宋明理學空談心性，並指出這並非孔子之學的原貌。顧炎武認為，孔子之學在於實踐，故提倡修己治人之學。修己即修身，屬於道德方面；治人即治國，屬於政治方面。

顧炎武主張通經以明孔孟之理，提出「經學即理學」「捨經學無理學」的說法，其實就是批評宋明理學空談心性，遠離經世致用的目的。

顧炎武對孟子的懷疑正反映他的觀點，就是成德之學不可以脫離知識。他認為君子之學是以「明道」和「救世」為目標，兩者都跟知識有着密切的關係。對顧炎武來說，由經濟、地理到音樂、禮制，都是修習的範圍。顧炎武所著的《音學五書》奠定了以音韻訓詁的基礎，使得乾嘉學派能突破字形的限制，從音韻方面掌握字詞的意義。

「博學於文，行己有恥」這兩句話可以代表顧炎武的為學宗旨，前者是治學的方法，後者是治學的精神，亦即做人的原則。治學和做人是結合在一起的，因為治學的最終目的是要經世致用，這關係到國家民族的生存和發展，而做人亦要明白何謂恥辱，正所謂「天下興亡，匹夫有責」，人應以天下為己任，致力於利國利民的實學。這兩句話也正好有利於「療治」理學的毛病，

「博學於文」可糾正明儒「束書不觀，游談無根」之弊，「行己有恥」則糾正了理學「空談心性」之弊。

　　顧炎武的著述態度十分認真，往往追溯本源，旁徵博引，其結論都是經詳細的考證得出的。例如他用三十年時間寫成的《日知錄》，內容涉及經學、史學、財賦、禮制、地理、文藝等，都一一窮源溯本，考證錯誤。顧炎武重考據的實學雖然開出了日後的乾嘉學派，可是受朝廷的思想控制，未能達致通經致用的目的；直到晚清今文經學復興，思想界才重拾其通經致用精神。

顧炎武的政經及教育主張

經濟
贊成貨幣流通，紓解民困

政治
反對權力過度集中，提升地方的自治權

教育
反對科舉，主張漢代的清議和辟舉取士

王夫之：學問淵博，思想最具哲學性

　　王夫之（1619—1692）因晚年在衡陽石船山著書講學，世稱「王船山」。清初三大家中，王夫之的思想是最具哲學性的，其著作多達百多部，重要的有《思問錄》《張子正蒙注》《讀四書大全説》《尚書引義》《周易外傳》《讀通鑑論》《黃書》等，大部分在清初就被列為禁書。

　　形上學方面，王夫之主張北宋張載的氣化一元論，反對朱熹的理氣二元論，他認為理不過是氣的規律，説：「氣者，理之依也。」（《思問錄・內篇》）認為離開了氣就沒有理可言。王夫之似乎承認只有兩種理，一種是氣運行的規律，另一種是事物（由氣所構成）形成的理，他反對朱熹「理生氣」之説。

　　人性論方面，他也反對朱熹「本然之性」和「氣質之性」的區分，因為人性也就是氣，並無「本然」和「氣質」之分。隨着環境的改變，氣也會不斷變化，所以王夫之十分重視環境對人性的影響，認為要培養人的善性，也要因應環境的改變，不要死守舊式的禮教。他亦反對朱熹將天理和人欲對立起來，主張「理在欲中」，説：「人欲之各得，即天理之大同。」（《讀四書大全説・卷四》）認為天理的設立，就是用來滿足人欲的，所以為政者應以人民的好惡為施政的參考。

　　知識論方面，他反對王陽明「心外無理，心外無事，心外無物」的主張，認為要通過感官和思維才能正確認識客觀事物。

　　在「知行」的問題上，王夫之既不同意王陽明的「知行合一」，亦反對朱熹的「先知後行」，主張「行可兼知，而知不可兼行」（《尚書引義・説命中》）。他要強調的是「實踐」的重要性，實踐正是檢視知識真偽的標準，即「知也者，固以行為功者」，「行可有知之效，知不得有行之效」（《尚書引義・説命中》）。

政治方面，他認為天下乃天下人的天下，並非一家一姓的私產，民族的興亡比改朝換代更加基本和重要。土地資源本為人民所有，此所謂「民自有其恆疇，不待王者之授之」（《讀通鑑論‧敍論四》），認為君主不過是代人民治理國家。這雖然還不算是西方的民主思想，但也有點「契約論」的味道。

比較特別的還是其「日新」思想。王夫之認為，社會一直處於變化和發展之中，因此，他反對一直以來的「好古」觀念。

經濟方面，他跟黃宗羲一樣，反對傳統的「抑商」政策，重視商業帶來的經濟繁榮，認為「大賈富民者，國之司命也」（《黃書‧大正第六》）。他亦注意到土地兼併帶來的惡果，故主張自耕者不得佔地超過三百畝，過此數者要多交自耕稅的一倍，以此防止財富過度集中。

清初三大家的影響

顏元：實用主義與復古主張的矛盾

　　顏元（1635—1704）稍晚於清初三大家，年青時忠於宋明理學，後來發現理學違反人性，「存天理，滅人欲」的說法不但虛偽，而且對人有很大的傷害性，遂由批判理學繼而提出自己的主張。顏元並未做過官，以講學和行醫為生，著有《四書正誤》《朱子語類評》《四存編》等。

　　顏元反對朱熹的人性論，認為人只有氣質之性，沒有一個所謂「至善」的義理之性；人的氣質雖有差別，但本身是善的，惡不過是後天「引蔽習染」所造成的，這也可以說是對孔子「性相近，習相遠」的一種詮釋。

　　除了認為宋明理學違反人性，顏元也批評其無用，認為這些理學家不過是胡亂吹噓，「談天論性，聰明者如打渾猜拳，愚濁者如捉風聽夢」（《四存編‧存學編卷一》）。這些空談無用的思想當然無助於治國：「宋元來儒者，卻習成婦女態，甚可羞。無事袖手談心性，臨危一死報君王，即為上品矣。」（《四存編‧存學編卷一》）顏元既然認定形上學的空談無用，當然也不同意所謂超越的「天理」，而只重視經驗世界的事理，此所謂「見理於事，離事無理」。

　　針對宋明理學的空疏，顏元主張實用之學，強調「力行」，認為不必談天道性命等抽象無用的東西，而應學習實用性的知識，提倡「六府、三事、三物」。六府是「金、木、水、火、土、穀」，對應的是礦物學、建築學、水利學、熱力學、農學等科目；三事是「正德、利用、厚生」；三物是「六德、六行、六藝」（六德是指知、仁、聖、義、忠、和，六行是指孝、友、睦、姻、任、卹，六藝指禮、樂、射、御、書、數），這些都是孔子時代所強調的，顏元其實就是要恢復舊有的制度。

　　顏元認為，無論是知識的學習，還是道德的修養，都必須通過實踐才有所成。他以彈琴和醫病為例，證明單單學習書本知識是不行的，實踐才是最

重要的，這與王夫之講的「行可兼知，而知不可兼行」有相通之處。

顏元認為孔子之教正是重視實踐，少講理論，最明顯的例子就是孔子要學生修習「六藝」。不過，孔子也講「六經」，而六經中的《禮經》和《樂經》跟六藝中的「禮」和「樂」有所對應，也就是理論和實踐的關係。

通常講實用性的思想都有與時並進的特徵，但顏元偏偏相反，主張「復古」，恢復所有古文化的制度，例如小學、大學、井田、封建等，甚至宮刑。他所講的「六府、三事」出於《古文尚書‧大禹謨》，「三物」則出於《周禮》；但諷刺的是，這兩本書後來被證明是偽書，他的「復古」也失去了憑藉。

雖然顏元重視農業、水利、工藝等有益民生的實用知識，但他的實用主義跟復古主張其實有着潛在的矛盾，如果真的重視致用的話，管它是否出於經典呢？這正正凸顯出「經世致用」的一個基本預設：「六經蘊藏着完美的知識。」但這個預設卻是不恰當的。

顏元與漳南書院

顏元主張力行為主、講學為輔。既然主張力行，顏元自己當然也要身體力行，他以六十八歲高齡主持漳南書院，學院分為文章、經史、武備、藝能四個專科，顏元還經常跟學生比試武術。

2 乾嘉學派：重視考據的學派

清初三大家開創了重考據的實學，尤其是顧炎武，其治學方法十分嚴謹，強調「學有本原」，「一字皆有出處，一事皆有來歷」，對後學（如重實證考據的乾嘉學派）產生了重要的影響。乾嘉學派，顧名思義，這是盛行於乾隆和嘉慶兩代的學派，因其文風樸實簡潔，也稱為「樸學」。由於重視考據，該派發展出音韻、文字、訓詁、校勘、辨偽、輯錄、目錄之學，研究的範圍以經學為中心，旁及史學、天文、地理、水利及典章制度。然而，由於受到朝廷的思想控制，乾嘉學派未能發揮清初三大家經世致用的精神，以致落入好古求真、為考據而考的窠臼。不過，清代的學術成就卻是以考據學為首，通過其客觀求證的研究，恢復了很多經傳的原貌，對古代文獻的整理有很大的貢獻。

除了顧炎武之外，乾嘉學派還有兩位先驅者，一個是閻若璩（1636—1704），另一個是胡渭（1633—1714）。閻若璩用了二十年的時間，寫成《古文尚書考證》一書，根據宋、元、明三代研究《古文尚書》的成果，辨明今本的《古文尚書》是偽作，由此動搖了理學的基礎。因為《古文尚書·大禹謨》所講的「人心惟危，道心惟微，惟精惟一，允執厥中」，正是理學家視之為先聖（堯、舜、禹）所傳的心法，天理與人欲的對立，也就是道心與人心的對立。胡渭則作了《易圖明辨》，經考證得出附於《周易》之圖全是偽託，令人不禁質疑宋儒周敦頤「太極圖」和邵雍「先天圖」的可信性。

何為「樸學」？

按字面意思，樸學就是樸實無華的學問，其實這是相對於講求文采的文學和重視抽象思考的哲學來說的，清代桐城派的姚鼐將學問分為義理、考證、文章三類，樸學正是考證之學。

吳派 VS 皖派：一個唯漢是從，一個實事求是

乾嘉學派可分為兩派，一派是吳派，另一派是皖派。吳派以惠棟（1697—1758）為首，其父惠士其，祖父惠周惕，三代皆傳經，人稱「三惠」。惠棟以治《周易》著名，著有《易例》《易漢學》《周易述》《九經古義》等書，除易學外，亦主治《尚書》和《左傳》，著有《古文尚書考》和《左傳補注》（被收入《九經古義》）。

惠棟主張治經必須從古文入手，以聲韻訓詁來掌握經文的意思，他責備王弼空談《周易》，罔顧漢代經師的解說；又批評唐人的注解毫無見識，更指摘宋儒任意解經，甚至說：「宋儒之禍，甚於秦灰。」他主張以漢代經說為依歸，力圖恢復漢學的原貌，並認為易學才是漢學的中心。

象數 VS 義理：惠棟如何解釋易學？

易學本有象數和義理之分，漢儒重象數，宋儒重義理。惠棟要恢復漢學，自然主張象數，否定宋儒的義理。例如《周易·說卦》有「窮理盡性以至於命」，宋儒據此發揮「窮理盡性」的義理，但惠棟純以卦象解釋，掃除了宋儒的義理。

　　除惠棟外，吳派的主要學者有王鳴盛、沈彤、江聲、江藩、余蕭客、錢大昕等。王鳴盛（1722—1798）精研《尚書》，著有《尚書後案》；沈彤（生卒年不詳）則專於《周禮》，著有《周官祿田考》；余蕭客（1732—1778）是惠棟的學生，他搜集唐以前失傳的經注，撰著了《古經解鉤沉》。總的來說，吳派治經有一定的成績，對經義的疏解比宋明儒優勝；但他們多以漢儒為宗，不敢逾越經師的家法，劃地自限，正如惠棟所説：「古訓不可改也，經師不可廢也。」（《九經古義首述》）惠棟的再傳弟子江藩（1761—1831）更著有《漢學師承記》，推崇惠棟之學為正宗，以漢學反對宋學，皆是門戶之見。錢大昕（1728—1804）也屬於吳派，他以治經的方法治史，獲得很大的成就，著有《廿二史考異》，考證了歷代史書的不少錯誤。

　　皖派以戴震（1724—1777）為首。戴震字東原，受學於江永（1681—1762），江永精於聲韻學和禮學，著有《古韻標準》《四聲切韻表》《音學辨微》，成就超越了顧炎武。戴震發揚江永的聲韻學，用在訓詁之上，也取得很大的成就。戴震主張通過音聲來掌握經義，説：「一字之義，當貫群經，本六書，然後為定。」（《戴東原集‧與是仲明論學書》）要掌握六書轉注、假借之法，才能明白經中文字的意思。

　　戴震著有《孟子字義疏證》《原善》《中庸補注》《尚書義考》《校水經注》《水地記》《聲韻考》《考工圖記》等書。他批評吳派信漢太深，漢儒難免也有錯失，故主張「不以人蔽己，不以己蔽人」（《戴東原集‧答鄭丈用牧書》）意思是做學問不要被他人的錯誤蒙蔽，但也不應令他人受自己的錯誤蒙蔽，亦即須具備客觀求證的精神。

　　相比之下，皖派的實事求是較吳派的唯漢是從優勝。戴震不僅是考據學大師，也精於哲學思考，後面會再討論他的思想。

　　除戴震外，皖派的主要學者還有段玉裁、王念孫、王引之等人。段玉裁

（1735—1815）是戴震的學生，代表作有《説文解字注》，以音韻訓詁來注解東漢許慎的《説文解字》，更正其錯誤。

王念孫（1744—1832）著有《讀書雜志》《廣雅疏證》等書，後者也是以音韻訓詁，更正了《廣雅》很多錯誤之處。

王引之（1766—1834）是王念孫之子，著有《經傳釋詞》《經義述聞》等書。《經傳釋詞》考察經書中的虛字，研究它們的來源和演變，說明其意義和用法。在《經義述聞》的序中，王引之引述了父親王念孫的訓詁主張：「訓詁之旨，存乎聲音，字之聲同聲近者，經傳往往假借。學者以聲求義，破其假借之字而讀以本字，則渙然冰釋。如其假借之字而強為之解，則詰鞫不通矣。」古字同音或音近，則意思也相同或相近，所以音韻學跟文字學一樣，都是訓詁學的基礎。

戴震的「轎夫」之喻

戴震主張「明道」為治經的最終目的，以轎夫比喻訓詁、音韻、地理等學，坐轎者為「明道」，由此可見，戴震還保留着通經致用的精神。

215

戴震：乾嘉考據學的宗師

戴震的作品以《孟子字義疏證》最著名，他通過訓詁，疏解《孟子》的原意，批判了宋明儒對孟子的誤解，並且提出自己的主張。

在形上學方面，跟王夫之一樣，戴震也是主張氣一元論，反對朱熹的理氣二元論。他認為形而上和形而下的區分並不是朱熹所講的理氣，而是指氣未成形與成形之後，「道」亦即「氣」的運行。

人性論方面，戴震認為人是稟氣而生，由形神合成，表現出血氣和心知，他說：「人之血氣心知，本乎陰陽五行者，性也。」（《孟子字義疏證·性》）這種以氣解性的說法大異於宋明儒講的「本然之性」。血氣和心知又產生出人的情、欲、知，戴震說：「人生而後有欲，有情，有知，三者血氣心知之自然也。」（《孟子字義疏證·才》）對戴震來說，人欲是自然的，是人性的一部分，所以他反對朱熹的「存天理，去人欲」之說，「舉凡民之飢寒愁怨、飲食男女、常情隱曲之感，咸視為人欲之甚輕者矣。輕其所輕，乃『吾重天理也、公義也』，言雖美，而用之治人，則禍其人。」（《孟子字義疏證·理》）抑壓人的正常情慾，就是扭曲人性，以理殺人。由此，戴震提出其「達情逐欲」的主張，認為理和義不過是用來調節人的情慾的。

戴震更批評宋儒誤解了孟子的思想，認為宋儒其實是繼承了荀子的思想，只是大家所使用的名稱不同而已，宋儒講的氣質之性正是荀子所講的情欲之性，宋儒講的天理則是荀子所講的禮儀，而孟子講的性則包括了義理之性和情欲之性。雖然戴震從訓詁中找到「性」在當時的日常用法，即「生之謂性」，但哲學家使用的字詞往往脫離日常意義而有其特殊的用法，正如佛家的「空」也不是日常的意思，所以必須審視其理論才能確定。結合孟子的人禽之辨，「性善」可以理解為人的獨有性質，亦即人的道德自覺，在這一點上

宋明儒並沒有誤解孟子。

知識論方面，戴震認為「血氣」和「心知」各有認識的對象，即「味也、聲也、色也，在物，而接於我之血氣；理義之事，而接於我之心知」（《孟子字義疏證‧理》），也就是說，人的感官和理性是認識事物的機能，理性根據感官所提供的經驗資料，作出判斷，掌握事物的理義，即事物的規律，故兩者的關係猶如君臣，「耳目鼻口之官，臣道也；心之官，君道也；臣效其能而君正其可否」（《孟子字義疏證‧理》）。

值得注意的是，戴震指出真知和意見的分別，就是真知具有普遍性，他說：「心之所同然始謂之理，謂之義；則未至於同然，存乎其人之意見，非理也，非義也。凡一人以為然，天下萬世皆曰『是不可易也』，此之謂同然。舉理，以見心能區分；舉義，以見心能裁斷。」（《孟子字義疏證‧理》）他似乎也意識到「理」和「義」的分別，「理」是指事物的定律，由心通過分析而得知；而「義」則是行為的規範，由心來判斷是否正確。在理氣的關係上，「理」是指事物的定律；在理欲的關係上，「理」則是指人倫的規範，但宋明儒似乎未能區分這兩個不同的意思。

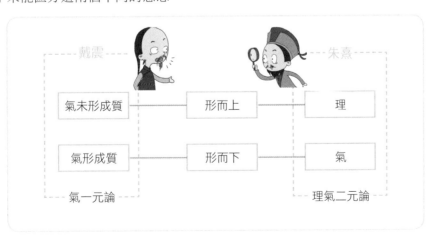

朱熹 VS 戴震

戴震		朱熹
氣未形成質	形而上	理
氣形成質	形而下	氣
氣一元論		理氣二元論

由讀史到通經，再到經世致用

浙東學派：主張史學的學派

相對於重視經學研究的乾嘉學派，在浙東地區，出現了一支主張史學的學派，以全祖望（1705—1755）和章學誠（1738—1801）為代表人物。對浙東學派來說，乾嘉學派的考據往往流於瑣碎，無助於經世。浙東學派認為，研究經學必須配合史料的考證，這樣才能把握經書的義理，因此通經必須讀史，才能致用。

概況

浙東學派可以上追南宋陳亮和呂祖謙之學，不過，其經世致用的精神是源於黃宗羲。前面講過，黃宗羲認為要達到通經致用的目標，必須熟知歷史，而他所著的《明儒學案》，正是一部明代的學術史。

除黃宗羲外，他的弟子萬斯同也是浙東學派的先驅者。萬斯同曾參與明史的編修，主張修史以原始資料為重、二手資料為輔；重視客觀證據，不應加入個人的主觀好惡。

全祖望非常敬佩黃宗羲，並仿效他搜羅碑傳記，記錄了大量明代的文獻，而他所作的《鮚埼亭集》，正好收錄了〈梨洲先生神道碑文〉。他繼承黃宗羲的遺志，續寫了《宋元學案》。

章學誠：浙東學派成就最大者

章學誠是浙東學派成就最大的一員，代表作有《文史通義》，亦著有不少方志，如《湖北通志》《永清縣志》《常德縣志》等，方志其實就是地方史，章學誠指出，方志對於修國史非常重要，故大力提倡，使各地的方志得以編修。

章學誠和戴震是同時代人，兩人也有交往論學，但章學誠並不滿意當時的乾嘉學風，他說：「今不知為己，而騖博以炫人，天下聞見不可盡，而人之

好尚不可同。」（《文史通義‧假年》）他認為時人對漢學趨之若鶩，不過是炫耀博學而已。

他將當時的學術分為「浙東」和「浙西」兩派，說：「浙東貴專家，浙西尚博雅。」（《文史通義‧浙東學術》）其實所謂「專家」就是指專於史學的浙東學派，而「博雅」則是描述乾嘉學派的特點，包括吳派和皖派，因為考據需要博學。

章學誠並不反對考據，只是認為當時的考據流於瑣碎，治經必須配合治史才能用世。他批評吳派錢大昕的史學不是真正的史學，只是史考，亦批評戴震雖精於經學，卻不懂史學，說其「不能史學」。

對章學誠來說，史學不是史料的記載，而是史家的作品，治史之人必須具備某些條件，即「非識無以斷其義，非才無以善其文，非學無以練其事」（《文史通義‧史德》），除了識、才、學之外，還要有「心術」，即作歷史判斷時，不要受個人好惡和利害所影響，此乃史學家之德。

浙東學派 VS 浙西學派

源頭：黃宗羲

成就：史學

代表：章學誠

源頭：顧炎武

成就：考據學

代表：戴震

浙東學派　　　　浙西學派（乾嘉學派）

　　章學誠的重要主張為「六經皆史」，他指出古代並無經史之分，六經也不過是先王施政的紀錄，所以皆可視為歷史資料來研究，此所謂「尊史抑經」，以打破經的權威性。

　　章學誠「六經皆史」的主張是有針對性的，一直以來，儒者都認為「道」就在六經之中，但章學誠認為六經不過是三代思想的總結，是「道」在此歷史階段的表現，六經本身也受歷史因素制約，三代之後六經就不足以盡道，所以乾嘉學派的考據之學是有局限的，即「訓詁章句，疏解義理，考求名物，皆不足以言道也」（《文史通義·原道下》）。

　　他表示，「道」是人類歷史發展的規律，六經雖是聖人所作，但其實只是「道」的表現形式，考據只是恢復過往的經典，根本無助於經世，經世必須從人事入手，而歷史正是研究人事的學問。清初顧炎武批評宋明理學「空談心性」，主張以經學代替理學，重視考據；現在章學誠則認為考據並不足夠，應配以史學才能掌握人事的變化，產生經世之用。

章學誠 pk 戴震

訓詁明道

以史見道

章學誠認為考據學不足以經世致用，他對考據學的批評明顯是針對戴震，因為戴震治經以明道為目標，方法就是通過訓詁明義理；但章學誠認為這不足以見道，道是在歷史過程中顯現的，故主張「以史見道」。

4 內憂外患中經世致用精神重新啟動
今文經學的復興

　　漢代有今古文經學之爭，清代也有。自魏晉起，古文經已取代了今文經的地位，乾嘉學派所習的也是古文經，其所推崇的漢學亦只是以鄭玄、馬融等人為家法的古文經學。但道光朝以後，清廷由盛轉衰，內先有白蓮教動亂，後有太平天國運動；外則先有鴉片戰爭，後有英法聯軍入侵，面對重重危機，清初經世致用的精神重新啟動，給今文經學的復興提供了有利的土壤。

　　今文經以《公羊傳》為首要典籍，尤其是它講的「微言大義」，適用於議論朝政，有利於改革；另外，自魏晉古文經獨尊之後，今文經乏人問津，只有何休的《公羊解詁》能夠完整地保存下來，所以清代的今文學家都以治「公羊學」為主。

清代今文經學的開創

　　清代今文經學的開創者是莊存與（1719—1788，跟戴震同時代），由於他和他的弟子都是常州人，故其學又稱常州學派。莊存與著有《春秋正辭》《春秋舉例》《春秋要旨》三書，都是闡發「公羊學」的思想，其中最重要的就是「大一統」「通三統」和「張三世」。

　　劉逢祿（1776—1829）是莊存與的外孫，也是其「公羊學」的繼承人，著有《春秋公羊經傳何氏釋例》《公羊何氏解詁箋》《左氏春秋考證》等書，其中，《春秋公羊經傳何氏釋例》《公羊何氏解詁箋》對於「大一統」「通三統」和「張三世」的解釋比莊存與有更好的發揮，《左氏春秋考證》則力證《左傳》經劉歆改動已非原貌。

　　劉逢祿反對為考據而考據，主張以經中的微言大義來議論政事，進行改革，達致通經致用；但他未能針對當時的問題提出具體的改革主張，這方面的工作由他的學生龔自珍和魏源來完成，他們正是清代今文經學的兩位大家。

龔自珍：思想家、文學家、改革者

龔自珍（1792—1841）是著名漢學家段玉裁的外孫，跟隨劉逢祿學習《公羊傳》，跟魏源和林則徐為好友。龔自珍對當時的官場黑暗和社會問題有深刻的認識，但仕途並不得意，未能一展抱負。他詩文皆精，著有《古史鉤沈論》《五經大義終始論》等書。

龔自珍反對乾嘉學派的繁瑣學風，抨擊屬於古文經的《周禮》和《左傳》是偽書，繼承並發揮劉逢祿對「大一統」「通三統」和「張三世」的解釋，使之更適用於當時的環境。「大一統」方面，龔自珍贊同劉逢祿華夏、夷狄並進的說法，拋棄了狹隘的民族觀念，認為「聖無外，天亦無外」，表現出寬廣的胸襟，由君主專權提升到人文精神的展現。至於「通三統」，劉逢祿以《易傳》強調變通之道，龔自珍則進一步主張事前必須做廣泛的探究才行。他認為一方面不可以死守祖訓，另一方面又要從歷史中汲取變法的經驗。在「張三世」的解釋中，他提出改革社會的方案，認為針對亂世，需要改善經濟民生；對於升平世，要禮刑並用；至於太平世，則施以文治。

龔自珍把脈清末社會

政治
官員腐敗，只求升官發財，不理民間疾苦

社會
土地兼併嚴重，以致貧富懸殊

教育
八股文敗壞人才

魏源：衰世中尋求自救之法

魏源（1794—1857）可謂龔自珍的「同學」，他也跟隨過劉逢祿學習《公羊傳》。魏源曾任道台、鹽司、知縣等職，故對鹽政、漕運、治河、軍事問題都有深刻的認識，並提出具體的改善措施。魏源的著作十分豐富，今文經方面有《公羊春秋古微》《董子春秋發微》《詩古微》《書古微》等，具體的改革主張則有《籌河篇》《籌漕篇》《軍貯篇》等，其代表作就是主張仿效西方的《海國圖志》。

在經學方面，他批評《詩經》的《毛傳》和《古文尚書》是偽作，對於《公羊傳》的「大一統」「通三統」和「張三世」也有自己的見解。

在「大一統」方面，他將中國的歷史分為三代前和三代後，三代即夏、商、周，為封建統一，以血緣立國，故用人難擺脫血親的私心；三代後為郡縣統一，須選用賢才，有利於成就大同社會，所以魏源特別重視人才的培養。

在「通三統」方面，龔自珍重視「變易」，主張改制；但魏源則認為不要輕言變革，應該先設法除去現有體制的弊端，他說：「君子不輕為變法之議，而惟去法外之弊，弊去而法仍復其初矣。」（《默觚》）並且強調以「忠」為拯救社會之弊的主要力量，忠是指忠於現有的政權。

在「張三世」方面，魏源將升平世和太平世合稱為「治世」，在「亂世」之後再加上「衰世」，所以三世就變成了「治世」「亂世」「衰世」，魏源認定自己處身於衰世之中，但也必須在現有的體制下尋求自救之法。

魏源經歷了鴉片戰爭，深深體會到西方科技的進步，在《海國圖志》中，他提出了「師夷長技以制夷」的主張。《海國圖志》是魏源根據林則徐提供的翻譯資料寫成，這是有關世界各地的歷史、政治、地理、經濟、科技和軍事等內容，對於國人了解西方文化有很大的幫助。《海國圖志》不但影響了後來康有為等人的思想，更傳至日本，對推動日本明治維新運動有一定的作用。

魏源針對晚清社會「重症」開出藥方

河道狹窄、淤塞，加上海關官員從中剝削，以致漕運不興。

改漕運為海運

官員貪污，使官鹽的價格高於私鹽幾倍。

改行票鹽

15 文一斤

5 文一斤

鴉片損害國人健康，令白銀外流。

禁止鴉片輸入

黃河氾濫成災，各地也有水患或水旱的問題。

修治河道，改善水利

八旗兵和綠營兵軍紀鬆弛，腐敗不堪。

改革兵制

■ 康有為：今文經學的殿軍人物

康有為（1858－1927）可謂今文經學的殿軍人物，一方面他繼承了常州學派的公羊學，闡發《春秋》的微言大義；另一方面他又受西學的影響，例如進化論和社會主義。

康有為面對的時局比魏源和龔自珍時更加嚴峻，但朝廷還有大量拒絕變革的死硬派，為了減少變革的阻力，康有為主張託古改制。然而，他上書變革的主張並未受到朝廷重視，於是他回到廣州著書教學，宣揚變革的思想。後來雖然光緒皇帝接納了他的改革主張，但由此發動的維新運動也只是維持了一百日就因守舊派的阻撓而終止。

康有為著有《新學偽經考》《孔子改制考》《大同書》等書，對推動維新變法有一定的作用。在《新學偽經考》中，康有為批評古文經典全是劉歆的偽作，由此挑戰了漢學的正統和權威；在《孔子改制考》中，他把孔子說成是「託古改制」的人物，認為六經不一定是以前遺留下來的，而是孔子假託古人為政治改革提供根據；至於他的《大同書》，則混合了儒家的大同社會和西方社會主義思想，描繪出一個理想社會的藍圖。

在《大同書》中，康有為將《禮記‧禮運篇》中的「小康」和「大同」配以「張三世」，又融入了進步的觀念，而放棄了公羊學的歷史循環觀。他將歷史演變階段分為「據亂世」「升平世」「太平世」，認為當時的中國正處於「據亂世」，通過維新改革，就會進入「升平世」，即「小康」；進一步完善就是「太平世」，即「大同」。康有為的理想社會是人人平等，沒有國界和階級之分，也不受家庭婚姻的束縛，並且經濟豐足，是一個盡善盡美的社會。康有為也將當時西方的政治制度配以三世，「據亂世」對應於君主專制，「升平世」對應於君主立憲制，「太平世」對應於民主共和制。

5 對清代思想的總結
既重視實學又主張復古

　　清代思想在考據訓詁方面有很高的成就，對整理傳統經典可謂功不可沒；然而，在經世致用方面，卻說不上有甚麼重大的貢獻，除了人心不思進取，社會和政治環境不利於變革之外，恐怕跟儒學也有一定的關係。這個支配了中國社會二千多年的思想已應付不了時代的變遷，康有為雖以「公羊學」謀求變革，但內容已摻入不少西方思想。往後就是西學的傳入和爭鋒，還有洋務運動的失敗，儒家一度被視為令國家積弱、妨礙現代化的元兇，但這是否表示我們一定要放棄自己的傳統，全盤西化呢？

　　清代思想是由批判宋明理學發展出來的，但究竟這些批判是否成立呢？首先，將明代的滅亡歸罪於理學似有不妥，政治腐敗才是主因，制度問題次之。正如黃宗羲所說，這是君主專權之禍害。我們甚至可以說，正是由於政治黑暗，儒者才轉而探究內心，引發了心學的興盛。其次，認為宋明理學受佛家影響，並不是孔孟儒學的原貌，這樣的批評亦有欠公允，因為至少可以肯定理學繼承了孟子的心性之學，並有所發揮。雖然宋明理學家解經不像清代經學家般嚴謹，但他們結合自身的體驗，對義理的發揮也有其可取之處。

　　至於批評理學外王不興，則是恰當的，宋明理學長於內聖，卻忽視外王；這是因為他們太過執著於內聖，將內聖視為外王的必要條件所致，以為非要道德完人治國不可，遇到講事功利益的人（如王安石）就極力反對。另一個原因恐怕就是輕視知識，尤其是實用性的知識。朱陸的心學明顯地輕視知識，陸九淵的名句「不識一字，仍可堂堂正正做一個大丈夫」（若某則不識一個字，亦須還我堂堂做個人）正是最佳的說明；雖然程朱學派講道問學，較重視知識，但知識仍然是為德性服務，並沒有獨立性。清初思想家重視實學和知識，批評君主專制，提倡工商業，主張改善民生等都屬於外王事務。然而，對於道德與知識的關係、內聖與外王的關係，並未深入探討。例如王陽明講的良知，即德性之知，亦即道德自覺，但良知只是一點靈明，需要培

養和啟發，這就要依靠知識，即見聞之知；知識亦有獨立於道德的價值，而知識對於外王的實現亦很重要。

相對於宋明理學，清代思想的特色是重視實學，這包括了對經典的整理和研究，以及通經致用的精神，尤其是清初和清末的思想，前者是對亡國深切反省後所得的結論，後者則是面對列強入侵的反應。然而，整個清代思想都有很強的「復古」取向，那是因為大家都假定了六經早已蘊藏着完美的知識，有待我們去發掘，無論是清初三大家主張的通經致用，或是要恢復經書原意的乾嘉學派，還是變革圖強的今文經學，都有這個假定。可是，清末中國所面對的是前所未有的大危機，在挾着堅船利炮的外來文化入侵下，傳統儒家已無力抵擋。當然，這並不表示我們就要完全放棄傳統，我們應致力於將傳統中有普遍價值的東西作重新詮釋，以適用於現代社會，例如儒家所講的道德自覺，這是內聖，有超越文化和地域的普遍意義；還有外王，即合理的生活秩序，在傳統社會是民本和禮治，在現代社會則是民主、自由和法治，借用章學誠的話，這是「道」在現代社會的表現形式。當然，民主、自由、法治等價值都無法化約到傳統的儒家思想中去，儒家具普遍意義的東西結合外來文化，也許能產生出新的價值。

清代思想家對宋明理學的批評

後語

　　中國哲學以儒、道、佛三家為主，其共同之處就是強調「主體最高自由」，儒家講「盡心知性」，道家（包括道教）講「修心養性」，佛家講「明心見性」，由現實人生提升到超越的形上層次，我認為這就是中國哲學的精要。

　　本書以論述漢代經學為始，又以清代經學為終，也可謂「有始有終一循環」。漢代經學的出現原是為了整理因秦火和戰亂散失的經典，而清代經學則講求客觀求證的精神，治經的成績超越漢學。可是，面對晚清的內憂外患，經世致用的精神再強也難以力挽狂瀾。一個勉力支撐了二千多年的儒學，已經是極度透支了。

　　要了解人類的演變，最好就是研究歷史；要掌握歷史的精要，則必須明白思想的發展，因為我們就是我們所思想的存在。有機會的話我會繼續寫下去，探討清末民初的思想演變，當然書名不可以再叫「中國古代思想」，或許可以稱為「中國近代思想」。